Эллен Уайт

ШАГИ КО ХРИСТУ

Gihon Publishing

ШАГИ КО ХРИСТУ

Эллен Уайт

Титул американского оригинала
«Steps to Life»
Автор: Ellen Gould White
Перевод в полном объеме

Перевод русского издания

5-е издание, 2021

Издательство
Gihon Publishing
Daimlerstr. 12
73635 Rudersberg
literatur@gihon.de

Напечатано в Германии

ISBN 978-3-939979-41-8

ОГЛАВЛЕНИЕ

Глава 1

Божья любовь к человеку

И природа, и откровение дают нам одинаковое свидетельство о любви Бога. Наш небесный Отец – Источник жизни, мудрости и радости. Взгляните на чудесные и изумительные произведения природы, которые так великолепны. Подумайте о том, как они удивительно приспособлены к нуждам не только людей, но и каждого живого существа, будучи предназначенными для их счастья. Солнечный свет и дождь, радующие и освежающие землю, горы, моря и долины – все вещает нам о любви Создателя. Бог обеспечивает насущные потребности всех Своих созданий. Прекрасными словами выразил это псалмист: «Очи всех уповают на Тебя, и Ты даешь им пищу их в свое время; Открываешь руку Твою и насыщаешь все живущее по благоволению» Пс. 144:15-16.

Бог сотворил человека абсолютно святым и счастливым; и прекрасная земля, какой она вышла из рук Создателя, не несла на себе отпечатков упадка или тени проклятия. Преступление Закона Божьего – Закона любви – принесло горе и смерть. Однако даже среди страданий, которые появились в результате греха, открыта любовь Бога. Написано, что Бог проклял землю ради человека см. Быт. 3:17. Колючие растения и чертополох – трудности и испытания, превращающие жизнь человека в жизнь изнурительного труда и забот, – были предусмотрены для его пользы как часть обучения, необходимого по Божьему плану для того, чтобы поднять его из гибели и вырождения, вызванных грехом. Но мир, пускай и падший, – это не только печаль и несчастья. На чертополохе появляются цветы, а шипы увенчаны розами.

«Бог есть любовь» – написано на каждой раскрывающейся почке, на каждой травинке, только что пробившейся из земли. Чудесные птицы, оглашающие все вокруг своими счастливыми песнями, изящно раскрашенные цветы, в своем совершенстве наполняющие воздух благоуханием, величественные деревья с пышными зелеными кронами – все свидетельствует о нежной отцовской заботе нашего Бога и о Его мечте сделать Своих детей счастливыми.

Слово Божье открывает Его характер. Он Сам заявляет о Своей безграничной любви и сострадании. Когда Моисей молился: «Покажи мне славу Твою», Господь ответил: «Я проведу всю Мою благость перед тобой» Исх. 33:18-19; согласно Библии короля Иакова. Это есть Его слава. Господь прошел перед Моисеем и провозгласил: «Господь, Господь, Бог человеколюбивый и многомилостивый и истинный, сохраняющий милость в тысячи родов, прощающий вину и преступление и грех» Исх. 34:6-7. Он «долготерпеливый и многомилостивый», «потому что Он любит миловать» Иона 4:2; Мих. 7:18.

> «Бог есть любовь» – написано на каждой раскрывающейся почке, на каждой молоденькой травинке

Бог привлек наши сердца к Себе многочисленными свидетельствами на Небесах и на земле. Через творения в природе, глубочайшие и нежнейшие земные привязанности, которые только может познать сердце человека, Он смог открыться нам. Однако все это не во всей своей полноте раскрывает Его любовь. Хотя доказательства были даны, враг добра ослепил умы людей, и поэтому они смотрели на Бога со страхом; они думали о Нем как о жестоком и неумолимом Боге. Сатана привел людей к такому восприятию Бога, чьим основным качеством является жестокое правосудие; к пониманию Его как сурового судьи и требовательного кредитора. Он изображает Творца ревностно следящим за людьми, с целью зафиксировать все их нарушения и ошибки, а затем наказать их Своими судами. Как раз для того, чтобы рассеять эту мрачную тень, явить миру безграничную любовь Божью и пришел Иисус, дабы жить среди людей.

Божий Сын явился с Небес, чтобы показать Отца

Божий Сын явился с Небес, чтобы показать Отца. «Бога не видел никто никогда; единородный Сын, сущий в недре Отчем, Он явил» Ин. 1:18. «И Отца не знает никто, кроме Сына, и кому Сын хочет открыть» Мф. 11:27. Когда один из апостолов обратился с просьбой: «Покажи нам Отца», Иисус ответил: «Столько времени Я с вами, и ты не знаешь Меня, Филипп? Видевший Меня видел Отца; как же говоришь: покажи нам Отца?» Ин. 14:8-9.

Объясняя Свою земную миссию, Иисус сказал: «Господь помазал Меня благовествовать нищим и послал Меня исцелять сокрушенных сердцем, проповедовать пленным освобождение, слепым прозрение, отпустить измученных на свободу» Лк. 4:18. Таким был

Его труд. Он ходил, повсюду принося добро и исцеляя всех, угнетенных сатаной. В целых деревнях не было слышно стонов больных ни в одном доме, потому что Он прошел через эти селения и исцелил в них всех больных. Деяния Иисуса свидетельствовали о Его Божественном помазании. Любовь, милость и сострадание открывались в каждом деле Его жизни, а Его сердце билось в нежном сочувствии к сынам человеческим. Иисус облекся в человеческую плоть, чтобы иметь возможность ответить на чаяния людей. Самые бедные и простые не боялись приблизиться к Нему. Даже маленьких детей влекло к Иисусу. Им нравилось сидеть у Него на руках и всматриваться в Его задумчивое лицо, полное доброты и любви.

> Иисус говорил истину, но всегда с любовью

Иисус никогда не скрывал ни единого слова правды, но говорил ее всегда с любовью. Он проявлял величайший такт и вдумчивое, доброе внимание в беседах с людьми. Он никогда не был грубым, никогда без необходимости не говорил сурово, никогда не причинял ненужную боль чувствительному сердцу. Он никогда не осуждал человека за слабость. Иисус говорил истину, но всегда с любовью. Он порицал лицемерие, неверие и нечестие; но когда Он произносил резкие упреки, Его голос дрожал от слез. Он скорбел об Иерусалиме, Своем любимом городе, отказавшемся принять Его – «Путь, Истину и Жизнь». Они отвергли Его, Искупителя, но Он относился к ним с сочувствием и нежностью. Его жизнь была жизнью самоотречения и непрестанной заботы о других. В Его глазах каждая душа была драгоценной. Иисус всегда держался с Божественным достоинством, и в то же время с величайшей нежностью относился к каждому члену семьи Божьей, склоняясь над ним. Во всех людях Он видел падшие души, которые пришел спасти.

Таков характер Христа, явленный в Его жизни. И это характер Бога. Из сердца Отца к сынам человеческим льются потоки Божественного сочувствия, открытого во Христе. Иисус, нежный, сочувствующий Спаситель, был Богом, Который «явился во плоти» 1Тим. 3:16.

Иисус жил, претерпевая страдания и смерть, чтобы искупить нас. Он стал «Мужем скорбей», чтобы мы получили возможность стать участниками вечной радости. Бог дал согласие Своему возлюбленному Сыну, полному благодати и истины, на то, чтобы прийти из мира несказанной славы в испорченный и больной грехом мир, омраченный тенью смерти и проклятия. Он согласился, чтобы Сын покинул чертоги любви Отца, отказался от поклонения ангелов, дабы перенести позор, оскорбления, унижение, ненависть и смерть. «Наказание мира нашего было на Нем, и ранами Его мы исцелились» Ис. 53:5. Воззрите на Него в пустыне, в Гефсимании, на кресте! Незапятнанный Сын Бога взял на Себя тяжесть греха. Он, Кто был един с Богом, чувствовал в Своей душе ужасное разделение, производимое грехом между Богом и человеком. Его уста исторгли мучительный крик: «Боже Мой, Боже Мой, для чего Ты оставил Меня?» Мф. 27:46 Именно тяжесть греха и ощущение его невероятной жестокости, приведшей к разделению души с Богом, стало тем, что разбило сердце Божьего Сына.

> Иисус жил, претерпевая страдания и смерть, чтобы искупить нас

Однако эта великая жертва не была принесена с той целью, чтобы в сердце Отца появилась любовь к человеку и желание его спасти. Нет, и еще раз нет! «Бог так возлюбил мир, что отдал Сына Своего единородного» Ин. 3:16. Отец любит нас не потому, что принес эту великую искупительную Жертву, но Он пошел на эту Жертву потому, что возлюбил нас. Иисус был Посредником, через Которого Отец смог излить Свою безграничную любовь на падший мир. «Бог во Христе примирил с Собою мир» 2Кор. 5:19. Бог страдал вместе со Своим Сыном. В агонии в Гефсимании, в смерти на Голгофе сердце беспредельной Любви заплатило цену нашего искупления.

Иисус сказал: «Потому любит Меня Отец, что Я отдаю жизнь Мою, чтобы опять принять ее» Ин. 10:17. Говоря иначе: «Мой Отец так возлюбил вас, что Он еще больше любит Меня за то, что Я отдаю Свою жизнь во искупление вас. Становясь вашим Заместителем и Поручителем, отдавая Свою жизнь и принимая ваши долги, ваши грехи, Я обретаю еще большую любовь у Отца; в результате Моей жертвы Бог может являть справедливость и все же оправдывать того, кто верит в Иисуса».

> Никто, кроме Божьего Сына, не мог совершить нашего искупления

Никто, кроме Божьего Сына, не мог совершить нашего искупления; но только Он, «Сущий в недре Отчем» Ин. 1:18, мог открыть Его. Только Он, познавший высоту и глубину любви Бога, мог явить ее. Ничто меньшее безграничной Жертвы, принесенной Христом ради падшего человека, не могло выразить любовь Отца к потерянному человечеству.

«Ибо так возлюбил Бог мир, что отдал Сына Своего единородного». Бог отдал Его не только затем, чтобы Он жил среди людей, взял на Себя их грехи и умер жертвой за них. Он подарил Его падшему человечеству. Христу надлежало отождествить Себя с его интересами и нуждами. Тот, Кто был един с Богом, соединил Себя с детьми человеческими узами, которые никогда не будут расторгнуты. Иисус «не стыдится называть их братьями» Евр. 2:11; Он – наша Жертва, наш Адвокат, наш Брат, находящийся пред троном Отца в человеческом облике; и всю вечность Он – Сын Человеческий – одно с теми, кого искупил. И все это позволяет человеку подниматься из руин греха и вырождения, чтобы отражать любовь Бога и разделять радость святости.

Цена, уплаченная за наше искупление, и неизмеримая по величине жертва нашего небесного Отца в отданном за нас на смерть Его Сыне, должны дать нам возвышенное понимание того, какими мы можем стать посредством Христа. Когда вдохновленный апостол Иоанн узрел высоту, и глубину, и широту любви Отца к погибающему человеческому роду, он исполнился восхищения и благоговения; и, не находя подходящих слов для описания величия и нежности этой любви, призвал мир узреть ее. «Смотрите, какую любовь дал нам Отец, чтобы нам называться и быть детьми Божьими» 1Ин. 3:1. Какую ценность имеет человек! Посредством преступлений сыны человеческие стали слугами сатаны. Верой в искупительную жертву Христа дети Адама могут стать Божьими детьми. Принятием человеческой плоти Христос облагораживает человечество. Падшие люди, благодаря связи со Христом, воистину смогут удостоиться звания «сыновей Божьих».

Такая любовь не имеет себе равных! Дети Царя Небес! Какое драгоценное обетование! Тема для глубочайшего осмысления! Беспримерная любовь Божья к миру, который не возлюбил Его! Эта мысль имеет силу, покоряющую душу и приводящую разум в покорность воле Божьей. Чем больше мы исследуем характер Бога через призму креста, тем больше нам открывается милосердие, нежность и прощение вместе со справедливостью и правосудием и тем отчетливее мы видим многочисленные доказательства любви, которая в своей безграничности и нежном сочувствии превосходит сострадание матери к своему заблудшему ребенку.

Дети Царя Небес! Какое драгоценное обетование!

«Ибо нет другого имени под небом, данного человекам, которым надлежало бы нам спастись»

Деяния Апостолов 4:12

Глава 2

НУЖДА ГРЕШНИКА ВО ХРИСТЕ

Изначально человек был одарен благородством и уравновешенным разумом. Он был совершенным существом и находился в гармонии с Богом. Помыслы его были чисты, а цели святы. Но из-за непослушания его внутренние силы были извращены, а эгоизм занял место любви. Вследствие греха природа человека настолько ослабла, что он не мог собственными силами сопротивляться власти зла. Он стал невольником сатаны и остался бы им навсегда, не вмешайся Бог особым образом. При сотворении человека дьявол преследовал цель помешать Божественному плану и наполнить землю бедами и скорбями. Тогда он указывал бы на все это зло как на результат Божьей деятельности при создании человека. Будучи безгрешным, человек поддерживал радостное общение с Богом, «в Котором сокрыты все сокровища премудрости и ведения» Кол. 2:3. Но после своего согрешения он уже не мог больше радоваться святости, а желал спрятаться от Божьего присутствия. Таким и доныне является состояние необновленного сердца. Оно не находится в гармонии с Богом и не может радоваться общению с Ним. В присутствии Бога грешник не мог бы испытывать счастья; он бы чуждался дружбы со святыми существами. Будь ему позволено войти в Небо, он не испытал бы от этого никакой радости. Дух самозабвенной любви, что правит там, где сердца бьются в унисон с сердцем Безграничной Любви, не затронул бы ответные струны его души. Его помыслы, его интересы, его мотивы были бы чужды безгрешным обитателям. Он звучал бы фальшивой нотой в мелодии Неба. Небеса оказались бы для него местом пыток; он жаждал бы спрятаться от Того, Кто является Светом и Центром радости на Небе. Со стороны Бога нет самоуправного решения не пускать нечестивых на Небо; они остаются вне, так как не в состоянии жить там. Слава Бога стала бы для них пожирающим огнем. Они приветствовали бы смерть, ибо она скрыла бы их от лица Того, Кто умер ради их искупления.

> Сами мы неспособны выбраться из бездны греха

Сами мы неспособны выбраться из бездны греха, в которую погрузились. Наши сердца исполнены зла, и мы не можем их изменить. «Кто родится чистым от нечистого? Ни один». «Плотские помышления суть вражда против Бога; ибо закону Божию не покоряются, да и не могут» Иов 14:40; Рим. 8:7. Воспитание, культура, тренировка воли, человеческие усилия – все это хорошо, но здесь они не имеют силы. Они могут сделать правильным внешнее поведение, но не в их силах изменить сердце или очистить источники жизни. Здесь нужна сила, действующая изнутри, новая жизнь свыше, прежде чем люди смогут перейти от греха к святости. И эта сила – Христос. Лишь Его милость способна расшевелить безжизненные свойства души и привлечь ее к Богу, к святости.

Спаситель говорил: «Если кто не родится свыше», а значит, если не обретет новое сердце, новые желания, цели и мотивы, ведущие к обновленной жизни, он «не может увидеть Царствия Божия» Ин. 3:3. Мнение о том, что нужно всего лишь развивать то хорошее, что есть в человеке от рождения, является роковой ошибкой. «Душевный человек не принимает того, что от Духа Божьего, потому что он почитает это безумием; и не может разуметь, потому что о сем надобно судить духовно». «Не удивляйся тому, что Я сказал тебе: должно вам родиться свыше» 1Кор. 2:14; Ин. 3:7. О Христе написано: «В нем была жизнь, и жизнь была свет человеков», «нет другого имени под небом, данного человекам, которым надлежало бы нам спастись» Ин. 1:4; Деян. 4:12.

Недостаточно понимать любовь и доброту Бога, созерцать благожелательность Его характера, отцовскую нежность. Недостаточно замечать мудрость и справедливость Его закона, видеть, что он основан на вечном принципе любви. Апостол Павел понимал все это, когда возгласил: «Соглашаюсь с законом, что он добр». Но в душевной муке и отчаянии он с горечью добавил: «А я плотян, предан греху» Рим. 7:16,12,14. Он жаждал непорочности, праведности, которых не мог приобрести самостоятельно, и возопил: «Бедный я человек! Кто избавит меня от сего тела смерти?» Рим. 7:24. Именно такой крик вырывается из отягченных грехом сердец повсюду и во все века. И для каждого существует только один ответ: «Вот Агнец Божий, Который берет на Себя грех мира» Ин. 1:29.

Дух Божий с помощью многих образов пытался проиллюстрировать эту истину, сделать ее простой и доступной душам, желающим освободиться от бремени вины. После того как Иаков согрешил, обманув

Исава, и убежал из отчего дома, чувство вины бременем легло на его душу. Он был одиноким изгоем, разделенным со всем, что было дорого его сердцу, а одна мысль больше других тяготила его душу: это страх, что грех отлучил его от Бога и что он лишен Небес. В скорби Иаков лег отдохнуть на голую землю, окруженную лишь одинокими холмами и небом над головой, ярким от звезд. Уснув, он увидел во сне необычный свет: и вот с земли, где он лежал, казалось, касаясь самих врат Неба, поднимались ступени широкой лестницы, и по ним восходили и спускались ангелы Божьи, а из облака славы вверху слышался голос Бога со словами утешения и надежды. Таким образом Иакову был представлен Тот, Кто удовлетворит нужды и чаяния его души, – Спаситель. С радостью и признательностью Иаков узрел открывшийся путь, ступая по которому, он, грешник, мог возобновить связь с Богом. Эта таинственная лестница во сне Иакова олицетворяла Иисуса – единственного Посредника в общении между Богом и людьми.

Это тот же самый образ, на который указал Иисус, беседуя с Нафанаилом, когда сказал: «Отныне будете видеть небо отверстым и Ангелов Божиих восходящих и нисходящих к Сыну Человеческому» Ин. 1:51. В своем отступничестве человек отделился от Бога; земля была разъединена с Небом. Через лежащую между ними пропасть не могло быть никакого общения. Но благодаря Христу земля вновь соединена с Небесами. Своими заслугами Христос проложил мост через бездну, образованную грехом, и теперь святые ангелы могут общаться с людьми и служить им. Христос связывает падшее человечество в его слабости и уязвимости с Источником неиссякаемой силы.

Напрасны все человеческие мечты о прогрессе, тщетны все попытки облагородить человечество, если единственным Источником надежды и помощи падшему роду пренебрегают. «Всякое даяние доброе и всякий дар совершенный нисходит свыше» Иак. 1:17, от Бога. Нет настоящего совершенства характера независимо от Него. И единственный путь к Богу – Христос. Он говорит: «Я есмь путь и истина и жизнь; никто не приходит к Отцу, как только чрез Меня» Ин. 14:6.

Сердце Бога устремляется к Своим земным детям с любовью, которая крепче смерти. Пожертвовав Своим Сыном, Бог в одном этом даре излил на нас все Небо. Жизнь и смерть Спасителя, Его заступничество, служение ангелов, мольбы Духа, деяния Отца повсюду и во всем, непрестанный интерес со стороны небесных существ – все это во имя искупления человека.

О, давайте размышлять о дивной Жертве, принесенной ради нас! Давайте попытаемся оценить труд и энергичные усилия, прилагаемые Небом для возрождения погибших и возвращения их в обители Отца. Нет сильнее мотивов и могущественнее сил, привлеченных для этого. Великие награды за праведные деяния, наслаждение Небесами, общество ангелов, общение и любовь Бога и Его Сына, возвышение и совершенствование всех наших талантов на протяжении всей вечности – не воодушевляет и не побуждает ли все это нас служить нашему Создателю и Искупителю из любви и от всего сердца?

Сердце Бога устремляется к Своим земным детям

Но, с другой стороны, вынесенные греху суды Бога, неотвратимое воздаяние, вырождение характера и окончательное истребление представлены в Слове Божьем, чтобы предостеречь нас от служения сатане.

Разве мы не оценим милосердие Бога? Что еще мог Он сделать? Давайте наладим правильные отношения с Тем, Кто возлюбил нас дивной любовью. Давайте воспользуемся предоставленными нам возможностями, чтобы уподобиться Ему, для восстановления общения со святыми ангелами, для пребывания в гармонии с Отцом и Сыном.

«Придите ко Мне все труждающиеся
и обремененные, и Я успокою вас;
возьмите иго Мое на себя
и научитесь от Меня,
ибо Я кроток и смирен сердцем,
и найдете покой душам вашим;
ибо иго Мое благо, и бремя Мое легко»

Матфея 11:28-30

Глава 3

РАСКАЯНИЕ

Как человеку быть в мире с Богом? Как грешнику стать праведным? Лишь благодаря Христу мы можем обрести гармонию с Богом, с Его святостью; но как нам прийти ко Христу? Многих волнует тот же самый вопрос, какой задавали толпы людей в день Пятидесятницы, когда, будучи обличены во грехе, они вопрошали: «Что нам делать?» Первым в ответе Петра было слово «покайтесь» Деян. 3:19. В другой раз, спустя короткое время, он сказал: «Покайтесь и обратитесь, чтобы загладились грехи ваши» Деян. 3:19.

Раскаяние включает в себя сожаление о грехе и отвращение к нему. Мы не оставим греха, пока не увидим его порочность; пока мы в сердце не откажемся от него, наша жизнь не претерпит подлинного изменения.

Многим не удается постичь сущности раскаяния. Многие люди сожалеют о том, что согрешали, и даже совершают внешние преобразования в своем поведении из-за страха, что их неправедные дела принесут им страдания. Но это не раскаяние в библейском смысле. Они больше переживают из-за этих страданий, нежели из-за греха. Таким было огорчение Исава, когда он увидел, что первородство потеряно для него навсегда. Валаам, убоявшись стоящего на дороге ангела с обнаженным мечом, признал свою вину, чтобы не расстаться с жизнью; но у него не было ни истинного раскаяния в грехе, ни изменения цели, ни отвращения ко злу. Предав Господа, Иуда Искариот воскликнул: «Согрешил я, предав Кровь невинную» Мф. 27:4.

Ужас от сознания того, что он будет осужден за это, и страх перед грядущим судом вынудили его грешную душу произнести признание. Последствия, которые ему предстояло пережить, страшили его, но в сердце он не испытывал глубокой, душераздирающей печали из-за того, что предал непорочного Сына Божьего и отринул Святого Израилева. Фараон, страдая от Божьих судов, признавал свой грех, дабы избежать дальнейшего наказания, но стоило язвам прекратиться, как он снова вызывающе вел себя в отношении Неба. Все они оплакивали последствия греха, не печалясь о самом грехе.

Но когда сердце подчиняется влиянию Божьего Духа, совесть оживает

Но когда сердце подчиняется влиянию Божьего Духа, совесть оживает, и грешник начинает осознавать, насколько глубоким и священным является святой Закон Бога, основание Его правления на Небесах и на земле. «Свет, Который просвещает всякого человека, приходящего в мир», освещает потаенные уголки души и проявляет скрытые дела тьмы Ин. 1:9. Сознание греховности овладевает умом и сердцем. Грешник видит, как непорочен Иегова, и страшится появляться перед Испытующим сердца со своей виной и нечестием. Он созерцает Божью любовь, красоту святости, радость непорочности; он жаждет очиститься и восстановить общение с Небом.

Молитва Давида после падения иллюстрирует природу подлинного сожаления о грехе. Он испытывал искреннее и глубокое раскаяние. У него не было стремления сгладить свою вину; и его молитва не была порождена желанием уклониться от угрожающего ему суда. Давид осознавал чудовищность своего проступка, он видел развращенность своей души, он ненавидел свой грех. Его молитва была не только о прощении, но и об очищении сердца. Он жаждал испытать радость святости и восстановить гармонию и общение с Богом. Вот в каких словах изливалась его душа:

«Блажен, кому отпущены
беззакония и чьи грехи покрыты!
Блажен человек, которому
Господь не вменит греха, и в чьем
духе нет лукавства» Пс. 31:1-2.

«Помилуй меня, Боже, по
великой милости твоей и по
множеству щедрот Твоих изгладь
беззакония мои...
Ибо беззакония мои я сознаю,
и грех мой всегда передо мною...
Окропи меня иссопом, и буду
чист; омой меня, и буду белее снега...
Сердце чистое сотвори во мне,
Боже, и дух правый обнови внутри меня.
Не отвергни меня от лица
Твоего и Духа Твоего Святого
не отними от меня.
Возврати мне радость спасения
Твоего и Духом владычественным

утверди меня...
Избавь меня от кровей, Боже,
Боже спасения моего, и язык мой
восхвалит правду Твою» Пс. 50:3-16.

Раскаяния, подобного этому, нельзя достичь своими силами; его можно обрести лишь у Христа, Который «восшел на высоту и дал дары человекам».

Как раз здесь многие совершают ошибку, и поэтому им не удается обрести помощь, которую Спаситель желает им предоставить. Они думают, что не могут прийти ко Христу, пока не раскаются, и что раскаяние уготовит им прощение их грехов. Раскаяние воистину предваряет прощение грехов, поскольку лишь сокрушенное и кающееся сердце осознает нужду в Спасителе. Но должен ли грешник ожидать своего покаяния, прежде чем сможет прийти к Иисусу? Разве раскаяние должно быть препятствием в отношениях между грешником и Спасителем?

Библия не учит тому, что грешнику надлежит покаяться, прежде чем он сможет внять приглашению Христа: «Придите ко Мне, все труждающиеся и обремененные, и Я успокою вас» Мф. 11:28. К настоящему раскаянию приводит исходящая от Христа сила. Петр объяснил этот вопрос в своей речи к израильтянам, когда сказал: «Его возвысил Бог десницей Своей в Начальника и Спасителя, дабы дать Израилю покаяние и прощение грехов» Деян. 5:31. К тому же, мы не можем пережить раскаяние, если Дух Христа не пробудит нашу совесть, как не можем быть и прощены без Христа.

Христос – Источник каждого доброго побуждения. Он Единственный способен внушить сердцу вражду ко греху. Любое желание истины и непорочности, любое осознание своей греховности являются доказательствами того, что Его Дух действует в наших сердцах.

Иисус говорил: «И когда вознесен буду от земли, всех привлеку к Себе» Ин. 12:32. Христос должен быть явлен грешнику как Спаситель, умерший за грехи мира; и когда мы созерцаем Агнца Божьего на кресте Голгофы, тайна искупления начинает открываться нашему разуму и благость Бога ведет нас к раскаянию. Умерев за грешников, Христос явил любовь, которую невозможно постичь; и эта любовь смягчает сердце грешника, впечатляет его разум и вызывает раскаяние в его душе.

Верно, что порой люди испытывают стыд из-за своего греховного образа жизни, и они отказываются от некоторых своих недобрых привычек до того, как осознают, что Христос привлекает их. Но когда бы они не предпринимали усилий, чтобы измениться, искренне желая поступать по истине, это всегда означает, что сила Христа привлекает их. Влияние, неосознанное ими, воздействует на душу, и сознание пробуждается, поведение исправляется. И поскольку Христос побуждает их взирать на Свой крест, на Него, Которого пронзили их грехи, Его заповеди затрагивают их совесть. Им открывается испорченность их жизни и глубоко укоренившийся в их душах грех. Они постепенно начинают постигать праведность Христа, восклицая: «Что такое грех, что он требует такой Жертвы за искупление тех, кого он пленил?! Неужели необходима такая любовь, такие страдания, такое унижение, чтобы мы не исчезли, но обрели жизнь вечную?!»

Грешник может воспротивиться этой любви, может отказаться прийти ко Христу, но если он не станет сопротивляться, то будет привлечен к Иисусу; познание плана спасения приведет его к подножию креста с раскаянием в грехах, послуживших причиной страданий дорогого Сына Божия.

Тот же Божественный разум, который действует в природе, взывает к сердцам людей, пробуждая невыразимую тоску по тому, чего они не имеют. Все, чем обладает мир, не может удовлетворить их чаяний. Дух Божий побуждает их искать благодать Христа и радость святости, которые одни только могут дать мир и покой. Наш Спаситель неустанно трудится над тем, чтобы, влияя зримо и незримо на умы людей, отвлечь их от греховных развлечений, которые не удовлетворяют душу, и привлечь к бесконечным благословениям, которые в Иисусе могут стать их собственными. Ко всем тем душам, напрасно пытающимся напиться из разрушенных водоемов этого мира, адресовано Божественное приглашение: «Жаждущий пусть приходит и желающий пусть берет воду жизни даром» Откр. 22:17.

> Познание плана спасения приведет грешника к подножию креста

Если вы в сердце жаждете чего-то лучшего, чего не в состоянии дать этот мир, то признайте в этом желании Бога, говорящего к вашему сердцу. Попросите Его даровать вам раскаяние, явить вам Христа в Его бесконечной любви, в Его совершенной непорочности. В жизни Спасителя принципы Закона Отца – любовь к Богу и к человеку – нашли совершенное воплощение. Благие деяния и самозабвенная любовь были Его образом жизни. Именно когда мы созерцаем Его, когда свет от лица Спасителя падает на нас, тогда мы осознаем греховность наших сердец.

Может быть, мы, как Никодим, обманываем себя мыслью о том, что наша жизнь праведна, что характер у нас положительный, и считаем, что нам незачем смирять свои сердца перед Богом, как другим грешникам; но стоит свету Христову осветить наши души, как мы замечаем свою нечистоту, замечаем то, насколько эгоистичны наши мотивы, и осознаем, что мы во вражде с Богом. Затем мы видим, что наша собственная праведность, в действительности, как запачканная одежда, и что только лишь кровь Христа может очистить нас от осквернения грехом и обновить наши сердца, сделав их подобными Ему.

Один луч славы Божьей, один проблеск праведности Христа, проникающий в душу, делает любое пятно нечестия болезненно заметным и обнажает пороки и изъяны человеческого характера. Он изобличает неосвященные желания, неверность сердца, нечистоту уст. Дела, выражающие непокорность и неверность Закону Божьему, предстают перед грешником в истинном свете, и сердце, затронутое испытующим влиянием Духа Божия, томится. Он испытывает к себе отвращение, видя чистый и незапятнанный характер Христа.

Когда пророк Даниил узрел славу, окружающую посланного к нему небесного вестника, им овладело ощущение собственной слабости и несовершенства. Описывая впечатление от удивительного видения, он произнес: «Во мне не осталось крепости, и вид лица моего чрезвычайно изменился, не стало во мне бодрости» Дан. 10:8. Душа, испытавшая такое прикосновение, возненавидит свой эгоизм, отречется от себялюбия и благодаря праведности Христа будет искать чистоты сердца, находящейся в гармонии с Законом Божьим и характером Иисуса.

Павел утверждает, что, говоря о праведности от Закона, когда в расчет принимаются только открытые дела, он был «непорочен» Флп. 3:6; но, увидев духовный характер Закона, он понял, что грешен. Сверяя свою жизнь с буквой Закона, которую применяют к внешним действиям, он старался не грешить; но, всмотревшись в глубины святых заповедей и увидев себя глазами Бога, склонился в смирении и признал свою вину. Он говорит: «Я жил некогда без закона; но когда пришла заповедь, то грех ожил, а я умер» Рим. 7:9-10. Когда Павел осознал духовную суть Закона, грех явился во всем своем безобразии, и его уважение к себе исчезло.

Бог не относится ко всем грехам как к равно тяжелым; в Его оценке существуют разные степени вины, как они есть и в восприятии человека; в то же время, если некоторые неправедные деяния могут казаться незначительными в глазах людей, то ни одно из них не будет таковым в очах Бога. Суждение человека неполно и несовершенно; а Бог оценивает все так, как это есть в действительности. Пьяницу презирают и ему говорят, что грех не допустит его на Небо, тогда как гордость, эгоизм и алчность часто остаются без упрека. Но ведь именно эти грехи особенно оскорбляют Бога, ибо они противоречат Его доброму характеру и той самозабвенной любви, что наполняет атмосферу непавшей Вселенной. Тот, кто впал в какой-нибудь большой грех, может испытывать стыд, духовную нищету и нужду в благодати Христа; но гордость не испытывает нужды и поэтому затворяет врата сердца для Иисуса и для благословений, которые Он пришел даровать.

Жалкий мытарь, молившийся: «Боже, будь милостив ко мне, грешнику» Лк. 18:13, относился к себе как к весьма порочному человеку, и другие видели его в том же свете; но он осознавал свою нужду и с бременем вины и стыда пришел пред Господа, моля Его о милости. Его сердце было открыто для Божьего Духа, для Его благодатного действия, освобождающего от власти греха. Хвастливая молитва самоправедного фарисея обнаружила, что сердце его не открыто для воздействия Святого Духа. Находясь далеко от Бога, он не видел скверны своего характера в свете совершенства Божественной святости. Он не испытывал никакой нужды в этом и оттого ничего не получил.

Если вы осознали, что вы – грешник, не ждите, когда станете лучше. Как много есть тех, кто считает себя не вполне достойным, чтобы прийти ко Христу. Вы рассчитываете, что станете лучше посредством собственных усилий? «Может ли ефиоплянин переменить кожу свою и барс пятна свои? Так и вы можете ли делать доброе, привыкнув делать злое?» Иер. 13:23. Только в Боге наша помощь. Нам не нужно ждать более веских убеждений, более благоприятных возможностей или более святого характера. Сами мы не можем что-либо сделать. Нам следует прийти ко Христу такими, какие мы есть.

Но пусть никто не тешит себя надеждой на то, что Бог в Своей великой любви и милости спасет даже отвергающих Его благодать. Чрезвычайную порочность греха можно оценить лишь в свете креста. Когда люди заявляют, что Бог слишком добр, чтобы отвергнуть грешника, пускай они посмотрят на Голгофу. Христос взял на Себя вину непокорных и пострадал вместо грешника, потому что не было другой возможности спасти человека; без этой Жертвы человеческому роду было бы невозможно избегать разлагающей силы греха, возобновлять общение со святыми существами и жить духовной жизнью. Любовь, мучения и смерть Сына Божьего говорят о чудовищности греха и о том, что нет убежища от его власти, нет надежды на более возвышенную жизнь, если душа не подчинится Христу.

Некающиеся грешники иногда оправдывают себя, указывая на тех, кто называет себя христианами: «Я не хуже, чем они. Они не более самоотверженны, рассудительны и осмотрительны в своем поведении, нежели я. Они любят удовольствия и угождают себе не меньше меня». Так эти люди представляют недостатки других для оправдания своего пренебрежительного отношения к долгу. Но грехи и пороки других людей не оправдывают никого, потому что Господь не дал нам в качестве примера ошибающегося человека. Непорочный Сын Божий был дарован нам как Эталон, и те, кто указывает на неправедную жизнь христиан по названию, пусть покажут свой пример лучшей и более благородной жизни. Если у них такое высокое представление о том, каким надлежит быть христианину, то не становится ли их грех от этого еще более тяжким? Им известно, что правильно, но, однако же, они отказываются жить по этим правилам.

Любовь, мучения, и смерть Сына Божьего говорят о чудовищности греха

Опасайтесь промедления. Не откладывайте дело по оставлению грехов и очищению сердец силой Иисуса. В этом вопросе тысячи тысяч допустили ошибку, которая приведет их к вечной погибели. Я не стану подробно останавливаться на том, как коротка и непредсказуема жизнь; но существует страшная опасность – опасность, которую многие недостаточно хорошо осознают. Она заключается в промедлении покориться зову Святого Духа и в выборе греховной жизни. Греху, каким бы незначительным он ни казался, нельзя потворствовать без риска оказаться потерянным для вечности. То, что мы не одолеем, одолеет нас и уничтожит.

Адам и Ева убедили себя в том, что такое маленькое прегрешение, как вкушение запретного плода, не может привести к страшным последствиям, объявленным Богом. Но это незначительное прегрешение стало преступлением непреложного и святого Божьего Закона, и, разделив человека с Богом, открыло в мире широкие врата для потоков смерти и несказанного горя. Столетие за столетием с нашей земли непрестанно возносятся скорбные вопли, и все творение стенает и страдает в результате непокорности человека. Само Небо ощутило на себе последствия его восстания против Бога. Голгофа стоит памятником удивительной Жертве, которая потребовалась для примирения из-за преступления Божественного Закона. Давайте не будем считать грех маловажным делом!

> Не откладывайте дело по оставлению грехов и очищению сердец

Любое прегрешение, любое пренебрежение или отвержение благодати Христа влияет на нас самих;

оно ожесточает сердце, ослабляет волю, притупляет понимание, и вы становитесь не только менее склонными к послушанию, но и менее способными слышать нежные мольбы Божьего Святого Духа.

Многие успокаивают пробудившуюся совесть мыслью о том, что они смогут изменить свою неблагонравную жизнь, когда только пожелают; что, легкомысленно относясь к милостивым приглашениям, они, однако же, вновь и вновь будут ощущать на себе их влияние. Они верят, что, поступая вопреки Духу благодати и становясь на сторону сатаны, все-таки в момент критической опасности смогут изменить свое поведение. Но сделать это не так легко. Опыт и воспитание, обретаемые на протяжении всей жизни, так основательно формируют характер, что только немногие желают впоследствии уподобиться Иисусу.

Даже одно плохое качество характера, одно постоянно лелеемое греховное желание, со временем нейтрализует всю силу Евангелия. Любое потворство греху отвращает душу от Бога. Человек, демонстрирующий нечестивую дерзость или вялое равнодушие к Божественной истине, пожнет не что иное, как урожай посеянного им. Во всей Библии нет более сурового предостережения от заигрывания с грехом, чем слова мудреца о том, что беззаконник «в узах греха своего содержится» Прит. 5:22.

Христос готов дать нам свободу от греха, но Он не довлеет над нашей волей; и если из-за упорного нечестия наша воля склоняется ко злу и мы не стремимся обрести свободу и принять Его благодать, то что еще Он может сделать? Мы уничтожаем себя, намеренно отвергая Его любовь. «Вот теперь время благоприятное, вот теперь день спасения» 2Кор. 6:2.

«Ныне, когда услышите глас Его, не ожесточите сердец ваших!» Евр. 3:7-8.

«Человек смотрит на лицо, а Господь смотрит на сердце» 1Цар. 16:7 – человеческое сердце с его противоречивыми эмоциями веселья и печали, сердце, блуждающее на своих путях – пристанище всякой нечистоты и лжи. Господу известны его мотивы, намерения и цели. Идите к Нему, как бы ни была запятнана ваша душа! Как псалмопевец, распахните ее тайники для ока Всевидящего, вопрошая: «Испытай меня, Боже, и узнай сердце мое; испытай меня и узнай помышления мои, и зри, не на опасном ли я пути, и направь меня на путь вечный» Пс. 138:23-24.

Многие принимают религию на уровне интеллекта, то есть «принимая вид благочестия», а сердце все так же нечисто. Пусть эти слова будут вашей молитвой: «Сердце чистое сотвори во мне, Боже, и дух правый обнови внутри меня» Пс. 50:12. Будьте честными со своей собственной душой. Будьте настолько серьезными и настойчивыми, как если бы ваша жизнь находилась под угрозой. Это то, что должно совершиться между Богом и вашей душой – совершиться для вечности. Напрасная надежда и ничего больше обязательно приведет вас к погибели. Молитвенно исследуйте Слово Божье. Это Слово показывает вам в Законе Божьем и в жизни Христа великие принципы святости, без которых «никто не увидит Господа» Евр. 12:14. Оно уверяет нас в греховности и ясно раскрывает путь спасения. Слушайте Слово как глас Божий, говорящий вашей душе.

Когда вы осознаете чудовищность зла, видя себя такими, какими являетесь на самом деле, не впадайте в отчаяние. Именно грешников Христос и пришел спасти. Нам не следует пытаться примирить с собою Бога, ибо – О, чудесная любовь! – Бог «во Христе примирил с Собою мир» 2Кор. 5:19. Он с нежной любовью взывает к сердцам Своих ошибающихся детей. Ни один земной родитель не может быть таким же терпеливым к недостаткам и промахам своих детей, как Бог к тем, кого желает спасти. Никто не может так нежно обращаться с грешником. Человеческие уста никогда не источали таких нежных просьб, какие Бог адресует заблудшему. Все Его обетования и предостережения – это не что иное, как дыхание неизреченной любви.

Когда сатана приходит к вам со словами о том, что вы – великий грешник, взгляните на своего Искупителя и говорите о Его заслугах. Если вы будете взирать на Его свет, то это поможет вам. Исповедуйте свой грех, но скажите врагу, что «Христос Иисус пришел в мир спасти грешников» 1Тим. 1:15 и что Он может спасти вас Своей беспримерной любовью. Иисус задал Симону вопрос о двух должниках. Один задолжал своему господину небольшую сумму, а другой – весьма значительную; но господин простил им обоим; и Христос спросил Симона, кто из должников возлюбит своего господина больше. Симон ответил: «Тот, которому больше простил» Лк. 7:43. Мы были великими грешниками, но Христос умер, чтобы мы могли быть помилованы. Заслуг Его жертвы достаточно, чтобы ходатайствовать за нас перед Отцом. Те, кому Он больше простил, и возлюбят Его больше, и будут стоять ближе к Его трону, восхваляя Его за ве-

> Взгляните на своего Искупителя и говорите о Его заслугах... это поможет вам

ликую любовь и бесконечную жертву. Именно когда мы полнее понимаем любовь Бога, тогда наилучшим образом осознаем греховность греха. Понимая, насколько длинна «веревка», спущенная нам для спасения, осмысливая безграничную жертву, принесенную ради нас Христом, мы чувствуем, как наше сердце смягчается от нежности и раскаяния.

«Омойтесь, очиститесь;
удалите злые деяния ваши от очей Моих;
перестаньте делать зло;
научитесь делать добро, ищите правды,
спасайте угнетенного, защищайте сироту,
вступайтесь за вдову»

Исаия 1:16-17

Глава 4

Исповедание

Скрывающий свои преступления не будет иметь успеха, а кто сознается и оставляет их, тот будет помилован» Притч. 28:13.

Условия получения Божьей милости просты, справедливы и разумны. Господь не требует, чтобы мы совершали что-то тяжкое, дабы получить прощение греха. Мы не должны пускаться в длительные и изнурительные паломничества или налагать на себя мучительные епитимьи, чтобы искупить свои грехи или чтобы склонить Бога Неба и земли к покровительству нашим душам; ведь прощение обретает лишь тот, кто исповедует свой грех и оставляет его.

Признавайтесь друг перед другом в проступках и молитесь друг за друга

Апостол говорит: «Признавайтесь друг перед другом в проступках и молитесь друг за друга, чтобы исцелиться» Иак. 5:16. Исповедуйте свои грехи Богу, Тому Единственному, Кто может их простить, и признавайтесь в своей вине друг перед другом. Если вы нанесли обиду своему другу или ближнему, то вы должны признать свою неправоту, а он должен откровенно простить вас. Затем следует искать Божьего прощения, потому что брат, которого вы ранили, является собственностью Бога, и, обидев его, вы совершили грех против его Создателя и Искупителя. Представьте это дело единственному истинному Посреднику – нашему великому Первосвященнику, Который «может сострадать нам в немощах наших» и способен очистить от любого пятна и порока Евр. 4:15.

Те, кто не смирил свою душу перед Богом в признании своей вины, еще не исполнили первого условия, при котором Бог принимает их. Если мы не пережили такого покаяния, о котором в дальнейшем не нужно было бы сожалеть, если с подлинным смирением в душе и с сокрушенным духом не признали своих грехов, не возненавидели своего беззакония, то мы должным образом никогда еще не искали прощения греха; а поскольку мы никогда этого не искали, то никогда и не находили Божьего мира. Единственная причина, по которой мы не получаем прощения прошлых грехов, состоит в нашем нежелании смирить свое сердце и согласиться с требованиями Слова истины. Относительно этого вопроса даны подробные наставления. Исповедание греха, публичное или личное, должно исходить из глубины сердца и искренне. Принуждать к этому грешника нельзя. Кроме того, исповедание не должно совершаться легкомысленно и небрежно, к нему нельзя подталкивать людей, которые полностью еще не осознали, как отвратительна природа греха. Признание, изливающееся из глубины души, устремляется к Богу, Который бесконечно сострадает нам. Псалмопевец говорит: «Близок Господь к сокрушенным сердцем и смиренных духом спасет» Пс. 33:19.

> Исповедание греха должно исходить из глубины сердца

Настоящее исповедание всегда имеет особенный характер и признает конкретные грехи. Одни грехи могут быть такими по природе, которые можно открыть только Богу, в то время как в других нужно признаться перед теми, кто из-за них пострадал; а если они носили публичный характер, то их необходимо исповедать публично. Но любое исповедание должно быть определенным, по существу, и именно в тех грехах, в которых вы действительно виновны.

В дни жизни Самуила израильтяне уклонились от Бога. Они переносили последствия своего греха, потому что потеряли веру в Бога, утратили умение распознавать Его силу и мудрость в управлении народом, утратили уверенность в Его способности охранять и поддерживать Свое дело. Они отвернулись от великого Правителя Вселенной и возжелали, чтобы у них было такое же управление, как у окружающих их народов. Прежде чем обрести мир, они решительно признались в своей вине: «Ко всем грехам нашим мы прибавили еще грех, когда просили себе царя» 1Цар. 12:19. Именно тот грех, который они осознали, должен был быть исповедан. Неблагодарность бременем лежала на их душах и разъединяла их с Богом.

> Перестаньте делать зло; научитесь делать добро; ищите правды

Бог не примет исповедания без искреннего покаяния и преобразования. В жизни должны совершиться серьезные изменения; следует отринуть все оскорбительное для Бога. Это может произойти в результате подлинного сожаления о грехе. Работа, которую необходимо осуществить с нашей стороны, ясно открыта нам: «Омойтесь, очиститесь; удалите злые деяния от очей Моих; перестаньте делать зло; научитесь делать добро; ищите правды; спасайте угнетенного; защищайте сироту; вступайтесь за вдову» Ис. 1:16-17. «Если этот беззаконник возвратит залог, за похищенное заплатит, будет ходить по законам жизни, не делая ничего худого, то он будет жив, не умрет» Иез. 33:15. Описывая действие покаяния, Павел говорит: «Ибо то самое, что вы опечалились ради Бога, смотрите, какое произвело в вас усердие, какие изменения, какое негодование на виновного, какой страх, какое желание, какую ревность, какое взыскание! По всему вы показали себя чистыми в этом деле» 2Кор. 7:11.

Когда грех уничтожает нравственные принципы, грешник не различает изъянов своего характера и не осознает, насколько велико зло, совершенное им. И пока грешник не подчинится обличающей силе Духа Святого, он будет оставаться слепым по отношению к своему греху. Его исповедания не будут отличаться чистосердечностью и серьезностью. Ко всякому признанию вины грешник присовокупляет оправдание своих деяний, заявляя, что, если бы не определенные обстоятельства, то он не совершил бы то или иное, в чем его обвиняют.

> Истинное раскаяние побудит человека в полной мере признать свою вину

После того, как Адам и Ева вкусили запретный плод, их охватил стыд и ужас. Вначале они думали только о том, как бы извинить свой грех и уклониться от страшного смертного приговора. Когда Господь спросил их о грехе, Адам, отвечая, возложил свою вину частично на Бога, а частично на жену: «Жена, которую Ты дал мне, дала мне от дерева, и я ел».

Женщина возложила свою вину на змея, говоря: «Змей обольстил меня, и я ела» Быт. 3:12-13. Почему Ты создал змея? Почему Ты позволил ему прийти в Едем? Эти вопросы содержали оправдание ее греха, и таким образом она сделала Бога ответственным за их падение. Дух самооправдания впервые возник в отце лжи и действует во всех сынах и дочерях Адама. Исповедания такого характера не вдохновлены Божьим Духом и не принимаются Богом. Истинное раскаяние побудит человека в полной мере признать свою вину и согласиться с ней без обмана и лицемерия. Как бедный мытарь, который не смел даже поднять своих глаз к небу, он вскричит: «Боже! Будь милостив ко мне, грешнику». Признающие свою вину получат оправдание, ведь Иисус Своей Кровью свидетельствует в пользу кающейся души.

> Если исповедуем грехи наши, то Он, будучи верен и праведен, простит нам грехи наши и очистит нас от всякой неправды

В Слове Божьем примеры настоящего раскаяния и смирения раскрывают дух исповедания, в котором нет места извинению греху и попыткам самооправдания. Павел не пытался защитить себя; он окрашивает свой грех в самые мрачные тона, не умаляя своей вины. Он говорит: «Получив власть от первосвященников, я многих святых заключал в темницы, и, когда убивали их, я подавал на то голос; и по всем синагогам я многократно мучил их и принуждал хулить Иисуса и в чрезмерной против них ярости, преследовал даже и в чужих городах» Деян. 26:10-11. Павел решительно заявляет: «Христос Иисус пришел в мир спасти грешников, из которых я первый» 1Тим. 1:15.

Кроткое и сокрушенное сердце, смягченное подлинным раскаянием, прочувствует Божью любовь и цену Жертвы на Голгофе; и как сын признается в ошибках любящему отцу, так и истинно кающийся грешник исповедует Господу все свои грехи. Так написано: «Если исповедуем грехи наши, то Он, будучи верен и праведен, простит нам грехи наши и очистит нас от всякой неправды» 1Ин. 1:9.

«Закхей же, став, сказал Господу:
Господи! половину имения моего
я отдам нищим, и, если кого чем обидел,
воздам вчетверо.
Иисус сказал ему: ныне пришло
спасение дому сему,
потому что и он сын Авраама,
ибо Сын Человеческий пришел взыскать
и спасти погибшее»

Луки 19:8-10

Глава 5

ПОСВЯЩЕНИЕ

Вот обетование Бога: «И взыщете Меня, и найдете, если взыщите Меня всем сердцем вашим» Иер. 29:13.

Сердце должно быть полностью подчинено Богу, иначе в нас никогда не произойдет перемены, благодаря которой возможно воссоздание Его образа. По своей природе мы отдалены от Бога. Святой Дух описывает наше состояние такими словами: «мертвые по преступлениям и грехам», «вся голова в язвах», «сердце исчахло», «нет... здорового места». Сатана крепко держит нас в своих силках, он «уловил нас в свою волю» Еф. 2:1; Ис. 1:5-6; 2Тим. 2:26. Бог жаждет исцелить нас и освободить. Но поскольку это требует полного изменения, обновления всего нашего естества, нам нужно всецело подчиниться Ему.

Война с самим собой – это величайшее сражение, которое когда-либо велось. Подчинение своего «я» Богу и всецелая отдача Его воле требует борьбы; но душа должна покориться Богу, прежде чем сможет обновиться в святости.

Правление Бога не зиждется, как это хотел бы представлять сатана, на слепом подчинении, неразумном контроле. Оно взывает к разуму и сознанию. «Придите, и рассудим» Ис. 1:18 – вот к чему приглашает Творец созданные Им существа. Бог не принуждает волю Своих творений. Он не может принять неосмысленное и неохотное поклонение. Подчинение, основанное лишь на силе, препятствует подлинному развитию ума и характера; оно сделало бы человека роботом. Не такова цель Творца. Он хочет, чтобы человек, венец Его творческой силы, достиг высочайшего уровня развития, которое только возможно. Бог показывает нам, насколько обширны благословения, какие Он желает дать по Своей благодати. Он приглашает нас отдать себя Ему, дабы Он мог претворить в нас Свое намерение. За нами же остается выбор: хотим ли мы быть освобождены из уз греха, дабы разделить славную свободу с сыновьями Божьими.

Мы не можем наполовину принадлежать Богу, а наполовину — миру

Передавая себя Богу, мы обязательно должны отринуть все, что может разделять нас с Ним. Поэтому Спаситель говорит: «Всякий из вас, кто не отрешится от всего, что имеет, не может быть Моим учеником» Лк. 14:33. Все, что уводит сердце от Бога, должно быть оставлено. Маммон – идол многих людей. Любовь к деньгам, жажда богатства – это золотая цепь, связывающая их с сатаной. Другой класс людей привлекает слава и почести мира. Легкая и свободная от ответственности жизнь – идол остальных. Но эти узы рабства должны быть сокрушены. Мы не можем наполовину принадлежать Богу, а наполовину – миру. Мы не дети Божьи, если не являемся таковыми полностью.

Есть люди, которые заявляют, что служат Богу, в то время как они полагаются на свои личные усилия в подчинении себя Его закону, в формировании правильного характера, в обретении спасения. Их сердцами не движет глубинное понимание любви

Христа, но они пытаются исполнять обязанности в христианской жизни, будто Бог требует этого от них для обретения Небес. Подобная религия ничего не стоит. Когда Христос обитает в душе, она настолько исполняется Его любви и радости общения с Ним, что просто прилепляется к Нему; и в созерцании Бога «я» забывается. Любовь ко Христу становится побудительным мотивом к действию. Те, кто чувствует влекущую любовь Бога, не спрашивают, чем можно минимально пожертвовать, чтобы отвечать Божьим требованиям; они не интересуются самым низким стандартом, но стремятся к совершенному согласию с волей своего Спасителя. С искренним желанием они полностью смиряются и выказуют заинтересованность, пропорциональную ценности того, что желают обрести. Исповедание Христа без глубокой любви – всего лишь пустословие, сухая формальность и тяжкое мытарство.

> Любовь ко Христу становится побудительным мотивом к действию

Вы думаете, что отдать все Христу – великая жертва? Спросите себя: «Чем пожертвовал Христос ради меня?» Сын Божий отдал все для нашего искупления – Он отдал нам жизнь, любовь, претерпев за нас страдания. Возможно ли, чтобы мы, недостойные такой великой любви, не отдали Ему наших сердец? Каждую минуту нашей жизни мы получаем благословения Его благодати и по этой самой причине не в состоянии полностью понять глубины невежества и бедствий, от которых были спасены. Неужели мы можем смотреть на Того, Кого пронзили наши грехи, и все еще желать поступать вопреки Его любви и жертвы? Взирая на безграничное унижение Господа славы, будем ли мы возмущаться тем, что можем войти в жизнь лишь через борьбу и самоуничижение?

Многие люди с гордым сердцем задают вопрос: «Почему мне нужно пережить раскаяние и уничижение, прежде чем я смогу обрести уверенность в том, что меня принимает Бог?» Я указываю вам на Христа. Он не имел греха, и, более того, Он был Князем Неба; но ради человека Он стал грехом за всех. «Он предал душу Свою на смерть, и к злодеям причтен был, тогда как Он понес на Себе грех многих и за преступников сделался ходатаем» Ис. 53:12.

Ошибочно полагать, что Бог рад видеть страдания Своих детей

И чем же мы поступаемся, когда все отдаем? Сердцем, запачканным грехом, чтобы Иисус очистил его Своей Кровью и спас Своей бесподобной любовью. Однако люди считают весьма трудным оставить все! Мне стыдно слышать подобные высказывания, стыдно писать об этом.

Бог не требует от нас оставить что-либо, что служило бы для нашей пользы. Во всех деяниях Он заботится о благополучии Своих детей. Пусть все, кто не избрал Христа, осознают, что Он может предложить нечто несоизмеримо лучшее по сравнению с тем, чего они сами себе желают. Человек наносит величайший вред своей душе и проявляет несправедливость к ней, когда думает и поступает вопреки воле Бога. Нет истинной радости в пути, запрещенном Тем, Кто знает, что для нас лучше, Кто действует на благо Своих созданий. Путь греха – это путь бедствий и погибели.

Ошибочно полагать, что Бог рад видеть страдания Своих детей. Все Небо заинтересовано в том, чтобы человек был счастлив. Наш небесный Отец не закрывает врата радости ни для одного их Своих созданий. Божественные требования призывают нас остерегаться удовольствий, которые принесут мучения и разочарование и закроют для нас дверь к счастью и Небесам. Искупитель мира принимает человека таким, какой он есть: со всеми его желаниями, несовершенством и слабостями; и Он не только очищает от греха и дает искупление Своей Кровью, но и удовлетворяет желания сердца каждого, кто согласен понести Его иго, Его бремя. Его цель даровать мир и покой всем, кто приходит к Нему за хлебом жизни. Бог требует от нас исполнения лишь тех требований, которые приведут наши стопы к высотам счастья. И этих высот никогда не смогут достичь непослушные. Настоящая, радостная жизнь души возможна только, когда внутри обитает Христос - упование славы.

Многие спрашивают: «Как мне полностью передать себя Господу?» Вы желаете отдать себя Ему, но вы слишком слабы духовно, находясь в рабстве сомнений и под контролем привычек греховной жизни. Ваши обещания и решения подобны зыбучим пескам. Вы не можете контролировать свои мысли, импульсы, привязанности. Знание того, что вы не выполнили обещаний и нарушили обеты, ослабляет вашу уверенность в собственной искренности и вызывает чувство, будто Бог не может принять вас; но не нужно отчаиваться. Вам необходимо осознать, что такое настоящая сила воли. Это сила, руководящая естеством человека, сила принятия решений, власть делать выбор. Все зависит от того, правильно действует воля или нет. Бог дал людям право выбора; и им следует его использовать. Вы не можете изменить свое сердце, вы не можете сами отдать

Богу все свои привязанности; но вы можете сделать выбор служить Ему. Вы можете отдать Ему свою волю, и тогда Он будет действовать в вас, вызывая в вас желание и действие по Его благоволению. Таким образом, все ваше естество подчинится контролю Духа Христа; Он станет центром ваших привязанностей, и ваши помыслы будут находиться в гармонии с Ним.

Желание доброго и святого хорошо, если подкреплено действием; но если вы остановитесь на этом, то оно не принесет никакой пользы. Многие из тех, которые надеются и желают быть христианами, будут потеряны. Они не приходят к пониманию необходимости подчинить волю Богу. Они не решаются сегодня стать христианами.

Полное преобразование в вашей жизни может совершиться, если правильно управлять волей. Подчиняя ее Христу, вы объединяетесь с силой, превосходящей все начальства и власти. Вы получаете силу свыше быть стойкими и, постоянно отдавая себя Богу, наделяетесь способностью жить новой жизнью, жизнью веры.

Полное преобразование в вашей жизни может совершиться, если правильно управлять волей

«Он же сказал: чему подобно Царствие Божие?
и чему уподоблю его?
Оно подобно зерну горчичному,
которое, взяв, человек посадил в саду своем;
и выросло, и стало большим деревом,
и птицы небесные укрывались в ветвях его»

Луки 13:18-19

Глава 6

ВЕРА И ПРИНЯТИЕ

Когда вашу совесть пробудил Святой Дух и вы поняли порочность греха, его власть, приносимые им горе и чувство вины, тогда вы смотрите на него с отвращением. Вы чувствуете, что грех разделил вас с Богом, что вы в узах сил зла. И чем больше вы сражаетесь, чтобы вырваться, тем больше осознаете свое бессилие. Ваши побуждения нечисты, ваше сердце запачкано. Вы видите, что ваша жизнь исполнена эгоизма и греха. Вы жаждете быть прощенными, очищенными и освобожденными. Гармония с Богом, восстановление Его образа – что вы можете сделать, чтобы обрести это?

Вы нуждаетесь в мире – прощении Неба, покое и любви в душе

Вы нуждаетесь в мире – прощении Неба, покое и любви в душе. Нельзя купить этот мир за деньги, нельзя достичь его разумом или мудростью, бесполезно надеяться обрести его с помощью собственных усилий. Но Бог предлагает вам его в качестве дара, «без серебра и без платы» Ис. 55:1. Он ваш, стоит вам лишь протянуть руку и принять его. Господь говорит: «Если будут грехи ваши, как багряное, – как снег убелю; если будут красны, как пурпур, – как волну убелю» Ис. 1:18. «И дам вам сердце новое и дух новый дам вам» Иез. 36:26.

Вы признали свои грехи и в сердце отринули их. Вы вознамерились отдать себя Богу. Идите же к Нему и просите омыть вас от ваших грехов и даровать вам новое сердце. И верьте, что Он совершит это, потому что Он обещал. Вот урок, который преподал Иисус, будучи на земле: нам надлежит верить, что мы получаем обещанный Богом дар, что он наш. Иисус избавлял людей от недугов, когда они имели веру в Его силу; Он помогал им в том, что они могли видеть, вдохновляя их таким образом иметь уверенность в том, что они не могли видеть, побуждая их при этом верить в Его власть прощать грехи. Это Иисус отчетливо выразил, исцеляя человека, больного параличем: «Чтобы вы знали, что Сын Человеческий имеет власть на земле прощать грехи». Затем Он сказал этому расслабленному: «Встань, возьми постель твою и иди в дом твой» Мф. 9:6. Также об этом говорит евангелист Иоанн, рассказывая о чудесах Христа: «Сие же написано, дабы вы уверовали, что Иисус есть Христос, Сын Божий, и, веруя, имели жизнь во имя Его» Ин. 20:31.

> Идите же к Нему и просите омыть вас от ваших грехов и даровать вам новое сердце

Из простого библейского описания того, как Иисус исцелял больных, можно научиться тому, что для прощения наших грехов мы должны верить в Него. Давайте обратимся к истории парализованного в Вифезде. Несчастный страдалец был беспомощен, его конечности бездействовали тридцать восемь лет. Но Иисус сказал ему: «Встань, возьми постель твою и ходи». Больной мог бы ответить: «Господи, если Ты исцелишь меня, я исполню Твое слово». Но, нет, он поверил словам Христа, поверил, что исцелился, и незамедлительно попытался подняться; он желал пойти, и он пошел. Он сделал по слову Иисуса, и Бог дал Ему силу. Он был исцелен.

Вы – грешник, подобно этому человеку. Вы не можете искупить грехи своего прошлого; вы не в состоянии изменить свое сердце и сделать себя святым. Но Бог обещает сделать все это для вас через Христа. Доверьтесь этому обещанию. Признайте свои грехи и посвятите себя Богу. Вы пожелаете служить Ему. И точно так же, как сделаете это вы, так же и Бог исполнит Свое Слово для вас. Если вы верите обещанию, – верите, что прощены и очищены, – Бог совершит это; вы будете исцелены так же, как и парализованный, которому Христос дал силу ходить, когда он поверил, что исцелен. Так будет, если вы имеете веру в это.

> ВСЕ, ЧЕГО НИ БУДЕТЕ ПРОСИТЬ В МОЛИТВЕ, ВЕРЬТЕ, ЧТО ПОЛУЧИТЕ

Не ждите, пока почувствуете, что вы исцелены, но говорите: «Я верю в это; и это так, но не потому, что я чувствую это, а потому, что Бог это обещал».

Иисус говорит: «Все, чего ни будете просить в молитве, верьте, что получите, и будет вам» Мк. 11:24. Для этого обетования есть условие – чтобы мы молились согласно воле Божьей. Но Божья воля и заключается в том, чтобы омыть нас от греха, сделать нас Его детьми и способствовать тому, чтобы мы жили святой жизнью. Поэтому мы можем просить эти благословения, верить, что получаем их и благодарить Бога за то, что уже обрели их. Мы имеем привилегию приходить к Иисусу, очищаться и стоять в свете Закона без стыда и угрызений совести. «Итак, нет ныне никакого осуждения тем, которые во Христе Иисусе живут не по плоти, но по духу» Рим. 8:1.

Поэтому вы не свои; вы куплены высокой ценой. «Не тленным серебром или золотом искуплены вы от суетной жизни... но драгоценной Кровью Христа как непорочного и чистого агнца» 1Петр. 1:18-19. Благодаря этой простой вере Богу Святой Дух порождает новую жизнь в вашем сердце. Вы как чадо, рожденное в семье Бога, и Он любит вас, как Он любит Своего Сына.

Ныне, когда вы отдали себя Иисусу, не отступайте, не отходите от Него, но день за днем говорите: «Я Христов, я отдал себя в Его руки» и просите Христа дать вам Его Духа и сохранить вас Его благодатью.

Поскольку лишь отдавая себя в руки Бога и доверяя Ему, вы становитесь Его чадом, то вам надлежит пребывать в Нем. Апостол говорит: «Посему, как вы приняли Христа Иисуса Господа, так и ходите в Нем» Кол. 2:6.

Кажется, что некоторые ощущают необходимость в испытательном сроке; они думают, что им нужно доказать Господу, что их характер преобразован, прежде чем смогут претендовать на Божьи благословения. Но они могут получать благословения Божьи уже сейчас. У них должна быть Его благодать, Дух Христов, чтобы избавиться от нерешительности, иначе они не смогут противостоять злу. Иисус любит, когда мы приходим к Нему такими, какие мы есть: греховные, беспомощные и зависимые. Мы можем прийти со всей своей слабостью, неразумием, греховностью и пасть у Его ног в покаянии. Величие Божье состоит в том, что

Просите Христа дать вам Его Духа и сохранить вас Его благодатью

Он заключает нас в объятия Своей любви, перевязывает наши раны и очищает от любой нечистоты.

Вот в этом тысячи терпят неудачу; они не верят, что Иисус прощает лично каждого. Они не верят Богу на Слово. Все, кто соглашается на условия, должны знать, что прощение распространяется на любой грех. Отбросьте подозрение, что обетования Бога не предназначены для вас. Они даны любому кающемуся грешнику. Служебные ангелы приносят каждой верующей душе силу и благодать, дарованные через Христа. Нет настолько грешных, чтобы быть неспособными получить силу, чистоту и непорочность в Иисусе, Который претерпел за них смерть. Иисус ожидает, когда сможет снять с них запятнанную грехом одежду и облечь их в белые одеяния праведности. Он приглашает их жить, а не умирать.

Бог не обращается с нами так, как смертные люди обращаются друг с другом

Бог не обращается с нами так, как смертные люди обращаются друг с другом. Его мысли полны милосердия, любви и нежнейшего сострадания. Он говорит: «Да оставит нечестивый путь свой и беззаконник – помыслы свои и да обратится к Господу, и Он помилует его, и к Богу нашему, ибо Он многомилостив». «Изглажу беззакония твои, как туман, и грехи твои, как облако» Ис. 55:7; 44:22.

«Ибо я не хочу смерти умирающего, говорит Господь Бог; но обратитесь – и живите!» Иез. 18:32 Сатана готов выкрасть благословенные заверения Бога. Он желает забрать у души любой проблеск надежды и любой луч света; но вы не должны позволить ему сделать это. Не внимайте искусителю, а говорите: «Иисус умер, чтобы я мог жить. Он любит меня и не желает, чтобы я погиб. У меня сострадательный небесный Отец; и хотя я злоупотреблял Его любовью и расточал Его благословения, которые Он даровал мне, я поднимусь и пойду к моему Отцу и скажу: «Я согрешил против неба и перед Тобою и уже недостоин называться сыном Твоим; прими меня в число наемников Твоих». Притча повествует нам о том, как будет принят скиталец: «И когда он был еще далеко, увидел его отец и сжалился; и, побежав, пал ему на шею и целовал его» Лк. 15:18-20.

Но даже эта притча, нежная и трогательная, не может в полной мере выразить безграничное сочувствие небесного Отца. Устами Своего пророка Господь провозглашает: «Любовью вечною Я возлюбил тебя и потому простер к тебе благоволение» Иер. 31:3. В то время как грешник все еще находится далеко от отцовского дома, растрачивая свое состояние в незнакомой стране, сердце Отца тоскует по нему; и любое желание души вернуться к Богу пробуждается нежными призывами Его Духа, просящего, умоляющего, влекущего скитальца к любящему сердцу Отца.

Разве можно давать место сомнению, имея перед глазами такие драгоценные обетования Библии?

Разве можно давать место сомнению, имея перед глазами такие драгоценные обетования Библии? Разве можно верить, что, когда несчастный грешник жаждет вернуться и получить прощение своих грехов, Господь решительно удерживает его от покаяния у Своих ног? Гоните прочь подобные мысли! Ничто не сможет повредить вашей душе больше, если вы будете считать нашего небесного Отца таким. Он ненавидит грех, но любит грешника; и Он отдал Себя в лице Иисуса, чтобы все, желающие спастись, могли иметь вечные благословения в Царстве славы. Можно ли выразить Его любовь к нам более нежными и сильными словами, чем те, которые Он избрал? Он заявляет: «Забудет ли женщина грудное дитя свое, чтобы не пожалеть сына чрева своего? Но если бы и она забыла, то Я не забуду тебя» Ис. 49:15.

Да, верьте только, что Бог – ваш Помощник

Воззрите, все сомневающиеся и боязливые, ведь Иисус ходатайствует за нас. Славьте Бога за дар Его дорогого Сына и молитесь, чтобы Его смерть ради вас не была тщетной. Ныне Дух приглашает вас. Придите к Иисусу, отдав Ему все свое сердце, и можете ожидать Его благословения.

Когда вы читаете обетования, помните, что они выражают несказанную любовь и сострадание. Великое сердце Безграничной Любви с беспредельным сочувствием открыто грешнику. «Мы имеем искупление Кровью Его, прощение грехов» Еф. 1:7. Да, верьте только, что Бог – ваш Помощник. Он желает воссоздать Свой нравственный облик в человеке. Когда вы приближаетесь к Нему с исповеданием и покаянием, Он приближается к вам с милостью и прощением.

«Ибо Я не хочу смерти умирающего,
говорит Господь Бог;
но обратитесь, и живите!»

Иезекииль 18:32

Глава 7

СЛЕДУЕМ ЛИ МЫ ХРИСТУ?

Итак, кто во Христе, тот новое творение; древнее прошло, теперь все новое» 2Кор. 5:17.

Возможно, человек не укажет точного времени, места или не сможет проследить всю цепь обстоятельств в процессе обращения, но это не доказывает, что он необращенный. Христос сказал Никодиму: «Дух дышит, где хочет, и голос его слышишь, но не знаешь, откуда приходит и куда уходит: так бывает со всяким, рожденным от Духа» Ин. 3:8. Подобно ветру, что невидим, но чьи проявления можно с легкостью различить и ощутить, Дух Божий трудится над человеческим сердцем. Эта возрождающая сила, невидимая человеческому глазу, порождает новую жизнь в душе; она создает новое творение по образу Божию. Хотя Дух трудится неслышно и невидимо, Его проявления можно заметить. Если сердце возродилось Духом Божиим, жизнь засвидетельствуют этот факт. В то время как мы не можем ничего сделать, чтобы изменить свои сердца и привести себя в гармонию с Богом, в то время как мы вовсе не должны доверять себе или своим добрым делам, наша жизнь откроет, поселилась ли в нас Бо-

Хотя Дух трудится неслышно и невидимо, Его проявления можно заметить жья благодать. Перемены будут видны в характере, в привычках, в стремлениях. Между тем, кем мы были и кем стали, будет явный и четкий контраст. Характер раскрывается не в случайных добрых деяниях или ошибках, но в направлении привычных слов и поступков.

Верно то, что можно добиться правильного поведения без возрождающей силы Христа. Желание влиять и получать высокую оценку от других людей может привести к упорядоченной жизни. Самоуважение поможет нам избегать видимости зла. Эгоистичное сердце способно совершать благородные поступки. Как же нам понять, на чьей мы стороне?

Кто обладает нашим сердцем? С кем наши мысли? О ком мы любим говорить? С кем наши нежнейшие привязанности и наши лучшие силы? Если мы принадлежим Христу, то наши мысли с Ним, наши самые радужные мысли о Нем. Все, что мы имеем и кем являемся, сосредоточено на Нем. Мы жаждем быть Ему подобными, дышать Его Духом, исполнять Его волю и угождать Ему во всем.

Те, кто становится новым созданием во Христе Иисусе, явят плоды Духа: «Любовь, радость, мир, долготерпение, благость, милосердие, веру, кротость, воздержание» Гал. 5:22-23. Они не будут более сообразовываться с прошлыми похотями, но благодаря вере в Сына Божьего пойдут по Его стопам, отражая Его характер и очищая себя так, как чист Он. Они любят то, что когда-то ненавидели, и ненавидят то, что когда-то любили. Заносчивые и самонадеянные

> Кто обладает нашим сердцем? С кем наши мысли? О ком мы любим говорить?

становятся кроткими и смиренными в сердце. Тщеславные и высокомерные – серьезными и не выставляющими себя напоказ. Пьяницы – трезвенниками, а распутники – непорочными. Ненужные привычки и мирская мода отбрасываются. Христиане ищут не «нарядность в одежде», но «сокровенного сердца человека в нетленной красоте кроткого и молчаливого духа» 1Петр. 3:3-4.

Нет иного подтверждения истинности покаяния, кроме начавшегося преобразования. Если человек возвращает залог, отдает украденное, сознается в своих грехах и любит Бога и Его детей, он может не сомневаться в том, что перешел от смерти в жизнь.

Когда, будучи ошибающимися, грешными существами, мы приходим ко Христу и становимся причастниками Его прощающей благодати, в сердце зарождается любовь. Нести любое бремя легко, потому что иго, возложенное Христом, благо. Долг приносит удовольствие, а жертвенность – радость. Путь, который, как прежде казалось, скрыт во тьме, теперь освещается лучами Солнца Праведности.

Привлекательность характера Христа проявится в Его последователях. Для Него было удовольствием исполнять Божью волю. Любовь к Богу и страстное желание прославлять Его были движущими силами в жизни нашего Спасителя. Любовь украшала и облагораживала все Его деяния. Любовь от Бога. Неосвященное сердце не в состоянии породить и проявлять ее. Ее можно обнаружить лишь в сердце, где правит Иисус. «Будем любить Его, потому что Он прежде возлюбил нас» 1Ин. 4:19. В сердце, возрожденном благодатью Бога, любовь – принцип действия. Она преобразует характер, управляет импульсами, контролирует страсти, подавляет вражду и облагораживает эмоции. Такая любовь, лелеемая в душе, делает жизнь радостной и оказывает очищающее воздействие на всех вокруг.

Есть два заблуждения, которых дети Божьи – прежде всего те, кто только пришел к вере в Его благодать, – должны особенно опасаться. Первое, на котором мы уже останавливались, заключается в том, чтобы, взирая на свои собственные дела, не полагаться на них, считая, что они могут привести нас к гармонии с Богом. Тот, кто старается своими собственными усилиями соблюсти Закон для достижения святости, желает невозможного. Все, что человек в состоянии делать без Христа, заражено себялюбием и грехом. Одна лишь благодать Христа способна сделать нас святыми.

> Привлекательность характера Христа проявится в Его последователях

Противоположное, но не менее опасное заблуждение, заключается в том, что, веруя во Христа, люди освобождаются от исполнения Закона Бога; поскольку через одну только веру мы становимся причастниками благодати Христа, то наши дела не имеют никакого значения для нашего искупления.

Но заметьте, что послушание – это не простое внешнее согласие, а служение любви. Закон Божий отражает саму сущность Бога; он – воплощение великого принципа любви и поэтому является фундаментом Его правления на Небе и на земле. Если наши сердца обновлены по Его подобию и Божественная любовь поселилась в душе, то не будет ли Закон Бога исполняться в жизни? Когда принцип любви прочно укоренился в сердце, когда человек возродился по подобию Создавшего его, тогда осуществляется это обетование Нового Завета: «Вложу законы Мои в сердце их и в мыслях их напишу их» Евр. 10:16. А если Закон вписан в сердце, неужели он не будет формировать нашу жизнь? Послушание – служение и преданная любовь – подлинный признак последователей Христа. Так говорит Писание: «Ибо это есть любовь к Богу, чтобы мы соблюдали заповеди Его». «Кто говорит: «я познал Его», но заповедей Его не соблюдает, тот лжец, и нет в нем истины» 1Ин. 5:3; 2:4. Вера и только вера делает нас причастниками благодати Христа, наделяя нас силой оказывать послушание, вместо того чтобы освобождать человека от послушания.

Мы не зарабатываем спасение своим послушанием, ведь спасение – это дар Бога, обретаемый через веру. «И вы знаете, что Он явился для того, чтобы взять грехи наши, и что в Нем нет греха. Всякий, пребывающий в Нем, не согрешает; всякий согрешающий не видел Его и не познал Его» 1Ин. 3:5-6. В этом заключается истинная проверка для последователей Христа. Если мы остаемся верными во Христе, если любовь Божия обитает в нас, то наши чувства, мысли, цели и дела будут находиться в гармонии с волей Бога, выраженной в заповедях Его святого Закона. «Дети! Да не обольщает вас никто. Кто делает правду, тот праведен, подобно как Он праведен» 1Ин. 3:7. Праведность определяется мерилом святого Божьего Закона, выраженным в десяти заповедях, дарованных на Синае.

> Спасение – это дар Бога, обретаемый через веру

Так называемая вера во Христа, которая заявляет об освобождении людей от обязанности быть послушными Богу, не является верой, но самонадеянностью. «Благодатью вы спасены через веру». Но «вера, если не имеет дел, мертва сама по себе» Еф. 2:8; Иак. 2:17. Иисус сказал о Себе, прежде чем пришел на землю: «Я желаю исполнить волю Твою, Боже Мой, и закон Твой у Меня в сердце» Пс. 39:9. И пред вознесением на Небо Он заявил: «Я соблюл заповеди Отца Моего и пребываю в Его любви» Ин. 15:10. Писание говорит: «А что мы познали Его, узнаем из того, что соблюдаем Его заповеди... Кто говорит, что пребывает в Нем, тот должен поступать так, как Он поступал» 1Ин. 2:3-6. «Потому что и Христос пострадал, оставив нам пример, дабы мы шли по следам Его» 1Петр. 2:21.

Условие обретения вечной жизни ныне такое же, каким было всегда – точно такое же, каким оно было в раю до грехопадения наших прародителей – совершенное послушание Закону Божию, совершенная праведность. Если бы вечная жизнь даровалась на условии с меньшими требованиями, то счастье всей Вселенной было бы подвержено опасности. Был бы открыт путь для увековечивания греха со всеми скорбями и несчастьями, которые он за собой влечет.

Лишь Адаму до грехопадения было возможно благодаря послушанию Божьему Закону еще больше развивать свой праведный характер. Но он сделал другой выбор, и по причине его грехопадения мы имеем падшую природу и не можем сами стать праведными. Поскольку мы грешные, нечистые, то не в состоянии в совершенстве соблюдать святой Закон. Мы не имеем праведности в самих себе, которая могла бы удовлетворить требования Божьего Закона. Но Христос открыл для нас путь к спасению. Он жил на земле среди испытаний и искушений, с которыми приходится сталкиваться нам. Он прожил безгрешную жизнь. Он умер за нас, и ныне Он предлагает забрать у нас наши грехи и даровать нам взамен Свою праведность. Если вы отдадите себя Ему и примите Его как своего Спасителя, то, какой бы грешной ни была ваша жизнь, благодаря Христу вы становитесь праведными. Характер Христа занимает место вашего характера, и вы принимаетесь Богом так, как будто бы вы никогда не грешили.

Более того, Христос преобразует сердце. Он пребывает в вашем сердце верой. Вам надлежит поддерживать эту связь со Христом верой и постоянным подчинением своей воли Ему; и когда вы поступаете так, Он совершит в вас и хотение и действие по Своему благоволению. И потому вы можете сказать: «А что ныне живу во плоти, то живу верою в Сына Божия, возлюбившего меня и предавшего Себя за меня» Гал. 2:20. Иисус сказал Своим ученикам так: «Ибо не вы будете говорить, но Дух Отца вашего будет говорить в вас» Мф. 10:20. И со Христом, действующим в вас, вы явите тот же дух и совершите те же добрые дела – дела праведности и послушания.

> Единственное основание нашего упования – это праведность Христа

Таким образом, в нас нет ничего, чем мы могли бы хвалиться. У нас нет оснований для самовозвеличивания. Единственное основание нашего упования – это вменяемая нам праведность Христа и то, что произвел в нас и через нас Его Дух.

Когда мы говорим о вере, нам нужно принимать во внимание одно обстоятельство. Есть такой вид веры, который полностью отличается от истинной веры. Существование и сила Бога, истинность Его Слова – факты, которые даже сатана и его полчища не могут отрицать в глубине души. Библия говорит: «И бесы веруют и трепещут» Иак. 2:19, но это не вера. Вера, которая действует любовью и очищает душу, находится там, где не только знают Слово Божье, но и подчиняют волю Богу, где сердце послушно Ему и где привязанности сосредоточены на Нем. Такой верой сердце обновляется по образу Бога. И сердце, которое было невозрожденным, не подчинялось Закону Бога и не могло подчиняться, теперь восторгается Его святыми заповедями, восклицая вместе с псалмистом: «Как люблю я закон Твой! Весь день размышляю о нем!» Пс. 118:97. И праведность Закона исполняется в нас, живущих «не по плоти, но по духу» Рим. 8:1.

> Христос находится одесную Бога, и ходатайствует за нас

Есть люди, которые познали прощающую любовь Христа и которые действительно желают быть детьми Божьими, но они осознают, что их характер несовершенен, жизнь их полна недостатков, и поэтому они готовы усомниться в том, что Дух Святой обновил их сердца. Таковым я хотела бы сказать: «Не поддавайтесь отчаянию». Часто нам придется склоняться у ног Иисуса и плакать из-за наших недостатков и ошибок, но нам нельзя разочаровываться. Даже если нас одолел враг, мы не отринуты, не покинуты и не отвергнуты Богом. Нет; Христос находится одесную Бога и ходатайствует за нас. Возлюбленный Иоанн сказал: «Сие пишу вам, чтобы вы не согрешали; а если бы кто согрешил, то мы имеем Ходатая пред Отцом, Иисуса Христа, Праведника» 1Ин. 2:1. И не забывайте слов Христа: «Сам Отец любит вас» Ин. 16:27. Он желает возродить вас в Свое подобие, увидеть в вас отражение Своей чистоты и святости. И если вы смиритесь перед Ним, то Он, Который начал в вас доброе дело, совершит его до дня Иисуса Христа. Молитесь ревностнее, верьте больше. Когда мы перестанем доверять своим силам, то начнем полагаться на силу нашего Искупителя и восхвалим Того, Кто является нашей целебной силой.

Чем ближе вы подходите ко Христу, тем порочнее вы выглядите в своих собственных глазах, поскольку ваше восприятие проясняется и ваши несовершенства становятся отчетливо видны в контрасте с Его совершенной природой. Это доказательство того, что сатанинские чары потеряли свою власть, а обновляющее влияние Духа Божьего пробуждает вас.

> Осознание своей греховности ведет нас к Тому, Кто может простить

Глубокая любовь ко Христу не обитает в том сердце, которое не осознает своей греховности. Душа, обновленная благодатью Христа, будет восхищаться Его Божественным характером; но если мы не видим своего морального уродства, то это, несомненно, доказательство того, что мы не получили представления о красоте и совершенстве Христа.

Чем меньше мы видим в себе того, что можем ценить, тем больше ценим безграничную чистоту и красоту нашего Спасителя. Осознание своей греховности ведет нас к Тому, Кто может простить; и когда душа в своем бессилии тянется ко Христу, Он откроется в Своей силе. Чем больше мы нуждаемся в Нем и в Божьем Слове, тем более возвышенными становятся наши представления о Его характере и тем полнее мы отражаем Его образ.

«Итак не заботьтесь и не говорите:
что нам есть? или что пить?
или во что одеться?
потому что всего этого ищут язычники,
и потому что Отец ваш Небесный знает,
что вы имеете нужду во всем этом»

Матфея 6:31-32

Глава 8

ВОЗРАСТАНИЕ ВО ХРИСТЕ

Об изменении сердца, благодаря которому мы становимся детьми Бога, в Библии сказано как о рождении. Вновь оно сравнивается с прорастанием доброго семени, посеянного земледельцем. Подобно этому обратившимся ко Христу, «как новорожденным младенцам», надлежит возрастать до мужей и жен во Христе Иисусе 1Петр. 2:2; Еф. 4:13. Или как доброе семя, посеянное на поле, они должны дать всходы и принести плоды. Исаия говорит, что они будут «сильными правдою, насаждением Господа во славу Его» Ис. 61:3. Иллюстрации приведены из естественного мира природы, чтобы помочь нам лучше постичь таинственные истины духовной жизни.

> Растения и цветы растут не благодаря своему собственному усердию

Вся мудрость и умение человека неспособны произвести жизнь даже в малейшем творении природы. Только благодаря жизни, данной Самим Богом, может существовать любое растение или животное. Так и духовная жизнь зарождается в сердцах людей лишь благодаря силе Бога. Если человек не «родится свыше», он не сможет стать обладателем жизни, какую Христос пришел дать Ин. 3:3.

Как с жизнью, так это и с ростом. Это Бог позволяет бутону распуститься, а цветку произвести плод.

Это Его силой прорастает семя, «сперва зелень, потом колос, потом полное зерно в колосе» Мк. 4:28. Пророк Осия говорит об Израиле, что: «он расцветает, как лилия», «...будут изобиловать хлебом – и расцветут, как виноградная лоза» Ос. 14:6,8. А Иисус приглашает нас: «Посмотрите на лилии, как они растут» Лк. 12:27. Растения и цветы растут не благодаря своему собственному усердию, рвению или достижению, но получая то, что Бог предусмотрел для их жизни. Ребенок не в состоянии ни своей силой, ни хлопотами прибавить себе роста. Не больше можете и вы, дабы своими усилиями достичь духовного возрастания. И растение, и ребенок растут, получая из окружающей среды то, что служит их жизни – воздух, солнечный свет и пищу. Что эти дары природы значат для животных и растений, то Христос значит для тех, кто доверяет Ему. Он их «вечный свет», «солнце и щит» Ис. 60:19; Пс. 83:12. Он будет «росою для Израиля». «Сойдет, как дождь на скошенный луг; как капли, орошающие землю» Ос. 14:6; Пс. 71:6. Он – живая вода, «хлеб, сходящий с небес и дающий жизнь миру» Ин. 6:33.

> Иисус говорит: «Без Меня не можете делать ничего»

В несравненном даре Своего Сына Бог объял весь мир атмосферой благодати, такой же реальной, как воздух, циркулирующий вокруг земного шара. Все те, кто желает вдыхать эту животворящую атмосферу, будут жить и возрастать до полного возраста во Христе Иисусе.

Как цветок поворачивается к солнцу, чтобы яркие лучи помогли ему усовершенствовать свою красоту и симметрию, так и нам следует повернуться к Солнцу Праведности, чтобы свет с Небес мог озарять нас, дабы наш характер развивался по подобию характера Христа.

Иисус учит тому же, говоря: «Пребудьте во Мне, и Я в вас. Как ветвь не может приносить плода сама собою, если не будет на лозе, так и вы, если не будете во Мне... Без Меня не можете делать ничего» Ин. 15:4-5. Вы также зависимы от Христа в желании жить святой жизнью, как ветвь зависит от ствола в росте и принесении плода. Без Него у вас нет жизни. У вас нет силы противостоять искушению или возрастать в благодати и святости. Пребывая в Нем, вы можете процветать. Получая от Него жизнь, вы не лишитесь сил и плодов. Вы уподобитесь дереву, посаженному при потоках вод.

Многие полагают, что им необходимо самим выполнить часть этой работы. Они доверились Христу в отношении прощения грехов, но теперь пытаются своими собственными силами жить правильно. Но каждое такое усилие должно потерпеть неудачу. Иисус сказал: «Без Меня не можете делать ничего». Наше возрастание в благодати, наша радость, наша полезность – все зависит от единства со Христом. Мы можем возрастать в благодати лишь благодаря нашему ежедневному, ежечасному общению с Ним, благодаря пребыванию в Нем. Он является не только Начальником, но и Совершителем нашей веры. Христос есть Первый и Последний, и Вечносущий. Он будет с нами не только в начале и в конце пути, но и на каждом шагу этого пути. Давид говорит: «Всегда видел я перед собою Господа, ибо Он одесную меня; не поколеблюсь» Пс. 15:8.

Вы спросите: «Как я могу пребывать во Христе?» Таким же образом, как вы приняли Его сначала. «Посему, как вы приняли Христа Иисуса Господа, так и ходите в Нем» Кол. 2:6. «Праведный верою жив будет» Евр. 10:38. Вы отдали себя Богу, чтобы всецело принадлежать, служить и быть послушными Ему, и вы приняли Христа как своего Спасителя. Сами вы не могли искупить свои грехи или обновить сердце; но предав себя Богу, вы поверили, что Он ради Христа совершил все это для вас. Верою вы стали Христовы и верою вам надлежит возрастать в Нем, отдавая и получая. Вам нужно отдать все – свое сердце, свою волю, служение – отдать себя Ему, подчиняясь всем Его требованиям; и вы должны принять все – Христа, полноту благословений, дабы Он обитал в вашем сердце, был вашей крепостью, вашей праведностью, вашим постоянным Помощником, дарующим вам силу повиноваться.

Посвящайте себя Богу с самого утра

Посвящайте себя Богу с самого утра, сделайте это вашим самым первым делом. Пусть ваша молитва будет: «Возьми меня, Господи, полностью в Свои руки. Я полагаю все мои планы к Твоим ногам. Употреби меня сегодня в Твоем служении. Пребывай со мной, и пусть все мои дела совершаются в Тебе». Это - ежедневная задача. Каждое утро посвящайте себя Богу на весь день. Подчините все свои планы Ему, чтобы Его провидение указало, чему должно совершиться, а чему нет. Так день за днем вы можете предавать свою жизнь в руки Божьи, и ваша жизнь будет все более и более уподобляться жизни Христа.

Жизнь во Христе – это жизнь, лишенная беспокойства. Возможно, в ней не будет бурных чувств, но в ней будут пребывать мир и доверие. Ваше упование не заключается в вас самих, оно - во Христе. Ваша слабость соединяется с Его могуществом, ваше невежество – с Его мудростью, ваша неустойчивость – с Его вечной силой. Поэтому не смотрите на себя, не позволяйте мыслям останавливаться на себе, но взирайте на Христа. Пусть разум сосредоточится на Его любви, красоте, совершенстве Его характера. Христос в Его самопожертвовании, Христос в Его унижении, Христос в Его непорочности и святости, Христос в Его непревзойденной любви – вот предмет для размышления души. Измениться по Его образу можно лишь любя Его, подражая Ему и находясь в полной зависимости от Него.

Иисус говорит: «Пребудьте во Мне» Ин. 15:4. Эти слова передают мысль о спокойствии, стабильности, уверенности. Он предлагает еще: «Придите ко Мне... и Я успокою вас» Мф. 11:28. Слова псалмиста выражают ту же самую мысль: «Покорись Господу и надейся на Него» Пс. 36:7. А Исаия заверяет: «В тишине и уповании крепость ваша» Ис. 30:15.Такой мир нельзя получить в бездеятельности, поскольку в приглашении Спасителя обещание мира объединено с призывом к труду: «Возьмите иго Мое на себя... и найдете покой душам вашим» Мф. 11:29. Сердце, которое полностью покоится во Христе, будет наиболее ревностным и активным в труде для Него.

Когда разум сосредоточен на себе, он отвращается от Христа – Источника крепости и жизни

Когда разум сосредоточен на себе, он отвращается от Христа – Источника крепости и жизни. Следовательно, сатана постоянно прилагает усилия, чтобы отвлекать внимание от Спасителя и таким образом мешать связи и общению души со Христом. На удовольствия мира, житейские заботы, трудности и печали, на ошибки других или на свои собственные недостатки и несовершенство – вот к чему он пытается привлечь разум. Не поддавайтесь на его уловки. Многих действительно сознательных христиан, желающих жить для Бога, сатана слишком часто побуждает размышлять об их собственных недостатках и слабостях и, разделяя их таким образом со Христом, надеется одержать победу. Нам не следует заострять внимание на себе и позволять себе испытывать беспокойство и страх по поводу своего спасения. Все это отвращает душу от Источника нашей силы. Предайте сохранность вашей души Богу и доверьтесь Ему. Говорите и размышляйте об Иисусе. Пусть ваше «я» потеряется в Нем. Отложите в сторону все сомнения; прогоните свои страхи. Скажите вместе с апостолом Павлом: «И уже не я живу, но живет во мне Христос. А что ныне живу во плоти, то живу верой в Сына Божия, возлюбившего меня и предавшего Себя за меня» Гал. 2:20. Покойтесь в Боге. Он способен сохранить то, что вы доверили Ему. Если вы останетесь в Его руках, Он принесет вам больше чем победу через Того, Кто возлюбил вас.

Когда Христос принял на Себя человеческую природу, Он связал с Собой человечество узами любви

Когда Христос принял на Себя человеческую природу, Он связал с Собой человечество узами любви, которые не могут быть разорваны никакой силой, разве что выбором самого человека. Сатана постоянно будет пытаться обольстить нас, чтобы вынудить разорвать эти узы, дабы мы решили отделиться от Христа.

Вот где нам нужно бодрствовать, бороться, молиться, чтобы ничто не могло соблазнить нас выбором другого господина, потому как мы всегда вольны сделать это. Сосредоточим же наши взоры на Христе, и Он сохранит нас. Взирая на Иисуса, мы в безопасности. Никто не может похитить нас из Его рук. Взирая на Него постоянно, мы «преображаемся в тот же образ от славы в славу, как от Господня Духа» 2Кор. 3:18.

Таким же образом первые ученики уподобились дорогому Спасителю. Когда они услышали слова Иисуса, то почувствовали нужду в Нем. Они искали, они нашли, они последовали за Ним. Они были с Ним дома, за столом, в потаенном месте, в поле. Они были с Ним, как ученики с учителем, ежедневно получая сходившие с Его уст уроки святой истины. Они смотрели на Него, как слуги на своего господина, чтобы усваивать свои обязанности. Те ученики «во всем были подобны нам» Иак. 5:17. Им приходилось вести то же самое сражение с грехом. Они нуждались в той же благодати, чтобы вести святую жизнь.

> Взирая на Иисуса, мы в безопасности

Даже Иоанн, возлюбленный ученик, который наиболее уподобился Спасителю, не от рождения располагал таким приятным характером. Он был не только самоуверенным и стремящимся к почестям, но импульсивным и обидчивым. Но когда характер Божества был явлен ему, он увидел свою неполноценность и смирился.

Сила и терпение, власть и нежность, величие и смирение, которые он ежедневно созерцал в жизни Сына Божия, наполняли его душу восхищением и любовью. День за днем сердце Иоанна все сильнее тянулось ко Христу, пока он не потерял себя из вида из-за любви к своему Учителю. Его обидчивый, тщеславный нрав покорился власти Христа. Обновляющее влияние Духа Святого преобразило его сердце. Сила любви Христа произвела изменения в характере. Это неизбежный результат того, если мы едины с Иисусом. Когда Христос пребывает в сердце, все естество меняется. Дух Христов, Его любовь смягчают сердце, покоряют душу и возносят мысли и желания к Богу и к Небесам.

Когда Христос вознесся в Небо, Его присутствие все еще было ощутимо для Его последователей. Это было личное присутствие, полное любви и света. Иисус, Спаситель, Который ходил, разговаривал и молился с ними, Который изрекал слова надежды и утешения для их сердец, со словами мира на устах возносился от них на Небо; и звучание Его голоса донеслось до них, когда облако ангелов приняло Его: «Се, Я с вами во все дни до скончания века» Мф. 28:20. Он вознесся на Небо в подобии плоти человеческой. Ученики знали, что Он предстоит перед престолом Бога, как их Друг и Спаситель, что Его любовь не изменилась и что Он все еще отождествляет Себя со страдающим человечеством. Он представляет Богу заслуги Своей Собственной драгоценной крови, показывая Свои раны на ногах и руках в напоминание о цене, которую Он заплатил за Своих искупленных. Они знали, что Он вознесся на Небо, чтобы приготовить обители для них, и что Он возвратится и заберет их к Себе.

Ученики знали, что Он вознесся на Небо, чтобы приготовить обители для них

Когда ученики собрались вместе после Его вознесения, они стремились изложить свои просьбы Отцу во имя Иисуса. В торжественном благоговении они преклонились в молитве, повторяя заверение: «О чем ни попросите Отца во имя Мое, просите и получите, чтобы радость ваша была совершенна» Ин. 16:23-24. Они поднимали руку веры все выше и выше с великим доводом: «Христос умер, но и воскрес. Он и одесную Бога. Он и ходатайствует за нас» Рим. 8:34. Пятидесятница принесла им присутствие Утешителя, о Котором Христос сказал: «Он... в вас будет». И затем продолжил: «Лучше для вас, чтобы Я пошел; ибо если Я не пойду, Утешитель не придет к вам; а если пойду, то пошлю Его к вам» Ин. 14:17; 16:7. С этих пор Христу Духом надлежало обитать в сердцах Его детей. Их единство с Ним было теснее, чем когда Он лично ходил с ними. Свет, любовь и сила пребывающего в них Христа сияли через них так, что видевшие это «удивлялись... между тем узнавали, что они были с Иисусом» Деян. 4:13.

> Когда Христос пребывает в сердце, все естество меняется

Христос желает быть для Своих детей и ныне Тем, Кем Он был для апостолов; и в последней молитве в небольшом окружении собравшихся вокруг Него учеников, Он промолвил: «Не о них же только молю, но и о верующих в Меня по слову их» Ин. 17:20.

Иисус молился о нас, и Он просил, чтобы мы были едины с Ним, как Он един с Отцом. Какое это единство! Спаситель сказал о Себе: «Сын ничего не может творить Сам от Себя» Ин. 5:19. «Отец, пребывающий во Мне, Он творит дела» Ин. 14:10. Поэтому, если Христос обитает в наших сердцах, «Он производит в нас и хотение, и действие по Своему благоволению» Флп. 2:13. Мы будем трудиться, как Он трудился; мы будем являть тот же дух. И таким образом, любя Его и пребывая в Нем, мы будем «возрастать все в Того, Который есть глава Христос» Еф. 4:15.

«Старайся представить себя Богу достойным, делателем неукоризненным, верно преподающим слово истины»

2 Тимофею 2:15

Глава 9

ТРУД И ЖИЗНЬ

Бог – Источник жизни, света и радости во Вселенной. Благословения от Него изливаются на все Его создания подобно солнечным лучам света и родниковым потокам воды. И где в сердцах людей живет Бог, оттуда струятся к другим любовь и благодать.

Радость нашего Спасителя заключалась в преображении и искуплении падших людей. Для этого Он не посчитал Свою жизнь дорогой, но, претерпев крест, понес посрамление. Так и ангелы постоянно вовлечены в служение для счастья других. В этом их радость. То, что эгоистичные сердца посчитали бы унизительным трудом, а именно, служение тем, кто обездолен и во всем находится ниже их как в моральном отношении, так и по занимаемому положению, является заботой безгрешных ангелов. Дух самоотверженной любви Христа – это дух, наполняющий Небеса и являющийся самой сутью царящего там блаженства. Этот дух будут иметь последователи Христа, и они станут совершать такой труд.

Если любовь Христа лелеется в нашем сердце, то ее нельзя скрыть, как и приятный ароматный запах

Если любовь Христа лелеется в нашем сердце, то ее нельзя скрыть, как и приятный ароматный запах.

Ее святое влияние будет ощущать всякий, с кем мы будем встречаться. Дух Христа в сердце подобен роднику в пустыне, который течет, освежая всё и вызывая жажду у страждущих пить эту воду жизни.

Любовь к Иисусу отразится в стремлении трудиться, как Он трудился для благословения и возвышения человечества. Она приведет к любви, нежности и сочувствию ко всему творению нашего заботливого Небесного Отца.

Жизнь Спасителя на земле не отличалась легкостью и посвященностью Самому Себе, но Он тяжело трудился с настойчивым, серьезным, неослабевающим усилием для спасения потерянного человечества. От яслей до Голгофы Он следовал тропой самоотречения и не стремился освободиться от тяжелых задач, утомительных путешествий и изнурительных забот и трудов. Он сказал: «Сын Человеческий не для того пришел, чтобы Ему служили, но чтобы послужить и отдать душу Свою для искупления многих» Мф. 20:28. Это была Его единственная великая цель в жизни. Все остальное было второстепенным и подчиненно этой цели. Исполнить волю Бога и завершить Свой труд было Его пищей и питием. Самолюбие и эгоистичные интересы не имели места в Его труде.

От яслей до Голгофы Он следовал тропой самоотречения

Так и те, кто является причастником Христовой благодати, с готовностью принесут любую жертву для того, чтобы остальные, за кого Он умер, могли получить этот небесный дар. Они приложат все силы, чтобы мир стал лучше для жизни. Такой дух - это несомненный плод истинно обращенной души. Как только человек обращается ко Христу, в его сердце рождается желание рассказать другим о том, какого дорогого Друга он обрел в Иисусе; спасительная и освящающая истина не может быть сокрыта в его сердце. Если мы облечены в праведность Христа и нас переполняет радость Его Духа, живущего в нас, мы не будем в состоянии умолчать это. Если мы вкусили и увидели, как благ Господь, у нас всегда будет, что рассказать. Подобно Филиппу, когда он нашел Спасителя, мы станем приглашать других в Его присутствие. Мы будем стремиться представить им привлекательность Христа и невидимые реалии грядущего мира. У нас появится непреодолимое желание следовать той тропой, которой шел Иисус, и искреннее желание того, чтобы другие вокруг нас могли услышать: «Вот Агнец Божий, Который берет на Себя грех мира» Ин. 1:29.

Попытки благословить других обернутся благословениями для нас самих

Попытки благословить других обернутся благословениями для нас самих. Божьим намерением было предоставить нам участвовать в осуществлении плана искупления. Он даровал людям привилегию стать причастниками Божьего естества и, в свою очередь, передавать полученные благословения своим ближним. Это высшая честь, величайшая радость, которыми только Бог удостоил людей. Те, которые таким образом становятся участниками дел любви, все больше приближаются к Создателю.

Бог мог бы доверить весть Евангелия и все служение любви небесным ангелам. Он мог бы использовать иные способы для достижения Своей цели. Но в Своей бесконечной любви Он решил сделать нас соработниками Себе, Христу и ангелам, чтобы мы могли разделить благословения, радость, духовное возвышение, которые являются результатом только бескорыстного служения.

Мы достигаем полного согласия со Христом через соучастие в Его страданиях. Каждый акт самопожертвования на благо ближним укрепляет дух благотворительности в сердце того, кто даёт, соединяя его еще крепче с Искупителем мира, Который «будучи богат, обнищал ради вас, дабы вы обогатились Его нищетою» 2Кор. 8:9. И только если мы таким образом исполним Божественный замысел, согласно которому были сотворены, то жизнь может стать для нас благословением.

Если вы пойдете трудиться, как задумано Христом и как надлежит Его ученикам, чтобы приобретать для Него души, то ощутите нужду в более глубоком опыте и познании Божества и будете алкать и жаждать праведности. Вы будете обращаться к Богу с мольбой, и ваша вера окрепнет, а душа будет черпать глубокие воды из колодца спасения. Встреча с сопротивлениями и испытаниями будет вести вас к Библии и молитве. Вы возрастете в благодати и знании Христа и разовьете богатый опыт.

> Дух беззаветного труда для других несет мир и счастье человеку

Дух беззаветного труда для других придает глубину, постоянство и Христову приятность характеру, а также несет мир и счастье человеку. Стремления становятся возвышенными. Не остается места для лени и эгоизма. Те, кто таким образом проявляет христианские привлекательные свойства, возрастут и станут сильными в труде для Бога. У них будут ясные представления о нравственности, стойкая возрастающая вера и сила молитвы. Дух Божий, воздействующий на них, затрагивает священные струны души в ответ на Божественное прикосновение. Те, кто посвящает себя бескорыстному труду на благо других, непременно содействуют своему собственному спасению.

Единственный способ возрасти в благодати – это бескорыстно выполнять работу, возложенную на нас Христом, по мере своих возможностей помогать и благословлять тех, кто нуждается в помощи, которую мы можем им оказать. Сила приходит с тренировкой; активность – это подлинная основа жизни. Те, которые пытаются вести христианскую жизнь, пассивно принимая благословения, дающиеся по благодати, и ничего не совершая для Христа, просто желают есть, не трудясь. А в духовном мире, как и в мире природы, подобное всегда выливается в вырождение и упадок. Человек, отказывающийся упражнять свои конечности, вскоре вовсе не сможет пользоваться ими. Так и христианин, не упражняющий Богом данные силы, не только не сможет возрастать во Христе, но и потеряет то, что уже имеет.

Каждый, по мере своих талантов и возможностей, обязан выполнить повеление Спасителя

Церковь Христа – это Богом назначенное место для спасения людей. Ее миссия – нести Евангелие миру. И эта обязанность лежит на всех христианах. Каждый, по мере своих талантов и возможностей, обязан выполнить повеление Спасителя. Любовь Христа, явленная нам, делает нас должниками всех, кто

Его не знает. Бог даровал нам свет не только для нас одних, но чтобы он воссиял и на остальных людей.

Если бы последователи Христа были готовы исполнить свой долг, то там, где сейчас один работник провозглашает Евангелие в языческих странах, были бы тысячи. И если кто-то не мог бы участвовать лично в труде, он содействовал бы этому своими средствами, сочувствием и молитвами. И в христианских странах труд для душ был бы намного серьезнее.

Чтобы трудиться для Христа, нам не нужно идти в языческие земли и даже оставлять свой семейный круг, если в этом наш непреложный долг. Мы можем служить в семье, в церкви тем, с кем соприкасаемся или имеем деловые отношения.

Большая часть жизни на земле нашего Спасителя проходила в кропотливом труде в Назарете в мастерской плотника. Служебные ангелы посещали Господа жизни, когда Он, неузнанный и непризнанный, ходил вместе с крестьянами и ремесленниками. Он так же верно выполнял Свою миссию, занимаясь Своим простым ремеслом, как когда исцелял страждущих или шел по возмутившимся водам Галилейского моря. Так и мы, занимая самое скромное и низкое положение в жизни, можем ходить и трудиться с Иисусом.

> Так и мы можем ходить и трудиться с Иисусом

Апостол говорит: «В каком звании кто призван, братия, в том каждый и оставайся перед Богом» 1Кор. 7:24. Бизнесмен может так вести свое дело, что прославит Учителя своей честностью. Если он подлинный последователь Христа, он привнесет религию во все, что сделано, и явит людям дух Христа. Ремесленник может быть усердным и верным представителем Того, Кто трудился на простом поприще среди Галилейских холмов. Всякий, называющий себя именем Христа, должен трудиться так, чтобы другие, глядя на его добрые дела, могли бы прославлять своего Создателя и Искупителя.

Многие, не отдавая свои таланты на служение Христу, оправдывают себя тем, что другие имеют больше даров и преимуществ. Преобладает мнение, что только особым образом одаренные должны сосредоточить свои способности на служении Богу. Многие стали считать, что таланты даются лишь привилегированному классу людей, которые не должны разделять с другими ни труды, ни награды. Но в притче это представлено не так. Когда хозяин дома призвал своих рабов, он дал каждому их работу.

С любовью мы можем выполнять самые скромные житейские обязанности, «как для Господа» Кол. 3:23. Если любовь Божья пребывает в сердце, она проявится в жизни. Сладостное Христово благоухание объемлет нас, и наше влияние будет возвышать и благословлять других.

Вам не следует ожидать огромных возможностей или выдающихся способностей, прежде чем начать служить Богу

Вам не следует ожидать огромных возможностей или выдающихся способностей, прежде чем начать служить Богу. Вам не нужно бояться того, что подумает о вас мир. Если ваша каждодневная жизнь свидетельствует о чистоте и искренности вашей веры, а другие убеждаются в том, что вы стремитесь принести им пользу, ваши усилия не будут тщетными.

Самые скромные и бедные ученики Иисуса могут стать благословением для других. Они могут не понимать, что совершают что-то особенно хорошее, но своим неосознанным влиянием открывают источники благословений, которые будут расширяться и углубляться; и о результатах они могут не узнать до дня окончательного воздаяния. Они не понимают или не знают, что делают нечто великое. И потому им не нужно беспокоиться об успехе. Им нужно лишь тихо идти вперед, верно выполняя работу, возложенную Божьим провидением, и жизнь их не будет тщетной. Их собственные души будут все более и более возрастать, уподобляясь Христу; они – соработники с Богом в этой жизни и поэтому годятся для самого возвышенного труда и неомраченной радости в жизни грядущей.

«Господи!
Ты нам прибежище в род и род.
Прежде нежели родились горы,
и Ты образовал землю и вселенную,
и от века и до века Ты - Бог»

Псалом 90:2-3

Глава 10

ЗНАНИЕ БОГА

Существует множество путей, на которых Бог желает открыться нам и побудить нас общаться с Ним. Природа неустанно воздействует на наши чувства. Любовь и слава Бога, открытая в делах Его рук, произведут впечатление на искреннее сердце. Внимательное ухо может услышать и понять язык Бога через произведения природы. Зеленые поля, величественные деревья, почки и цветы, проплывающее облако и проливающийся дождь, журчащий ручей и слава неба – все говорит к нашим сердцам и приглашает нас познакомиться с Ним, Сотворившим этот мир.

Наш Спаситель тесно связывал Свои бесценные истины с миром природы. Деревья, птицы, цветы долин, холмы, озера и прекрасные небеса вместе с событиями и окружением повседневной жизни соединялись со словами истины, дабы таким образом Его уроки часто вспоминались в жизни человека даже среди забот тяжелого труда.

Бог хотел бы, чтобы Его дети ценили Его дела и любовались простой, тихой красотой, которой Он окружил наш земной дом. Бог – Ценитель красоты, но больше всего Он любит то, что привлекательнее всего внешнего, – красоту характера. Он хотел бы, чтобы мы взращивали чистоту и скромность – безмолвное украшение, свойственное цветам.

Если мы будем слушать, то Божьи дела творения преподадут нам драгоценные уроки послушания и веры. От звезд, которые неисследимыми путями перемещаются в космосе из века в век по назначенному маршруту, до мельчайшей частицы вся природа покоряется воле Создателя. И Бог с любовью заботится обо всем и поддерживает все, созданное Им. Тот, Кто содержит многочисленные миры безграничной Вселенной, в это же самое время заботится и о нуждах крохотного бурого воробья, бесстрашно чирикающего свою скромную песню. Когда люди занимаются повседневным трудом или склоняются в молитве, когда они ложатся спать ночью или просыпаются утром, когда богач устраивает праздник в своем особняке, а бедняк собирает своих детей за скромным столом, то за каждым из них с нежностью наблюдает небесный Отец. От Бога не ускользает ни одна пролитая слеза. Он видит каждую улыбку.

> Бог с любовью заботится обо всем и поддерживает все, созданное Им

Если бы мы полностью поверили в это, то все наши напрасные страхи развеялись бы. Наша жизнь не была бы настолько исполнена разочарований, как сейчас, поскольку все, большое или малое, было бы отдано в руки Бога, Которого не смущает ни множество забот, ни их тяжесть. Мы тогда смогли бы наслаждаться покоем в душе, которого очень многие не имеют.

Когда вы восторгаетесь великолепием земли, вспомните о грядущем мире, в котором не будет ни намека на смерть и грех, где природа больше не будет носить тени проклятия. Позвольте вашему воображению нарисовать обитель спасенных, но помните, что она окажется намного более славной, чем та, которую может породить самая бурная фантазия. В различных Божьих дарах природы мы видим лишь тусклое отражение Его славы. Написано: «Не видел того глаз, не слышало ухо и не приходило то на сердце человеку, что приготовил Бог любящим Его» 1Кор. 2:9.

Поэт и натуралист могут немало рассказать о природе, но только христианин способен высоко ценить и наслаждаться красотой земли, потому что он узнает дела рук Отца и видит Его любовь в цветке, в кустарнике и дереве. Никто не сможет оценить по достоинству значение холма и долины, реки и моря, если не взглянет на них как на выражение Божьей любви к человеку.

Бог общается с нами посредством Своих дел провидения и через влияние Его Духа на сердце. В обстоятельствах нашей жизни и в происходящем вокруг нас повседневно мы можем обнаружить драгоценные наставления, если только наши сердца открыты для их понимания. Псалмопевец, прослеживая действия промысла Божьего, произносит: «Милости Господней полна земля» Пс. 32:5. «Кто мудр, тот заметит сие и уразумеет милость Господа» Пс. 106:43.

Бог общается с нами посредством Своих дел провидения и через влияние Его Духа на сердце

Бог говорит с нами в Своем Слове. В нем нам яснее дано откровение Его характера, Его взаимодействие с людьми и великий труд искупления. В нем нам открыта история патриархов, пророков и других святых людей прошлого. Они были мужами, «подобными нам» Иак. 5:17. Мы видим, как они справлялись с разочарованиями, сходными с нашими, как они падали под натиском искушений, как падаем мы, но воодушевлялись вновь и побеждали благодатью Божией. И когда мы взираем на это, мы ободряемся в стремлении обрести праведность. Когда мы читаем о драгоценных опытах, дарованных им, о свете, любви и благословениях, которыми они наслаждались, о труде, который они выполняли посредством данной им благодати, тогда вдохновлявший их дух возжигает пламя святого подражания в наших сердцах и желание уподобиться им в характере и ходить с Богом, как и они.

Наполните свое сердце словами Бога. Они – живая вода, утоляющая нестерпимую жажду

Иисус говорил о Писаниях Ветхого Завета, но насколько это более реально для Нового: «Они свидетельствуют о Мне» Ин. 5:39 – т.е. об Искупителе, в Котором заключены наши надежды на вечную жизнь. Да, вся Библия свидетельствует о Христе. С первой записи о творении: «Без Него ничто не начало быть, что начало быть» Ин. 1:3 до завершающего обетования: «Се, гряду скоро!» Откр. 22:12 мы читаем о Его деяниях и слышим Его голос. Если вы желаете познакомиться со Спасителем, изучайте Священное Писание.

Наполните свое сердце словами Бога. Они – живая вода, утоляющая нестерпимую жажду. Они – насущный хлеб с Небес. Иисус заявляет: «Если не будете есть Плоти Сына Человеческого и пить Крови Его, то не будете иметь в себе жизни» Ин. 6:53. И Он поясняет сказанное: «Слова, которые говорю Я вам, суть дух и жизнь» Ин. 6:63. Наши тела состоят из того, что мы едим и пьем; а что имеет место в физической сфере, то верно и для духовного существования – предмет наших размышлений будет питать нашу духовную природу.

Ангелы желают проникнуть в тему искупления; она будет предметом изучения и песнью хвалы спасенных на протяжении бесконечной череды веков. Разве она не стоит того, чтобы ее осмыслить и внимательно изучать уже сегодня? Бесконечная милость и любовь Иисуса, принесенная ради нас жертва, призывают к самому серьезному и торжественному размышлению. Нам следует обратить пристальное внимание на характер нашего дорогого Искупителя и Ходатая. Мы должны размышлять о миссии Того, Кто пришел спасти Свой народ от их грехов. Когда мы подобным образом думаем о небесном, наши вера и любовь укрепляются, а молитвы становятся все более приятными Богу, поскольку они все больше и больше растворяются в вере и любви, становясь обдуманными и пылкими. Появляется более стойкая уверенность в Иисусе, и ежедневный живой опыт проявления Его силы будет спасать всех приходящих через Него к Богу.

> Нам следует обратить пристальное внимание на характер нашего дорогого Искупителя и Ходатая

Когда мы думаем о совершенстве Спасителя, мы обретаем желание полного изменения и обновления по Его чистому образу. Душа начинает алкать и жаждать сходства с Тем, Кем мы восторгаемся. Чем больше наши мысли сосредоточены на Христе, тем больше мы станем говорить о Нем другим и представлять Его миру.

Библия написана не только для одних ученых, наоборот, она была предназначена для обычных людей. Великие истины, необходимые для спасения, ясны, как полдень; никто не совершит ошибку и не потеряет дорогу за исключением тех, кто следует своему собственному суждению, вместо того чтобы подчиниться четко представленной воле Бога.

Мы не должны принимать свидетельство других людей, как то, чему учит Писание; но нам следует изучать слова Бога самостоятельно. Если мы позволим другим формировать наше мышление, то наши возможности и способности станут неполноценными. Таким образом, благородные силы ума могут настолько остановиться в развитии из-за недостатка упражнений в размышлении над темами, достойными того, чтобы над ними задуматься, что потеряют способность улавливать глубокое значение Божьего Слова. Разум окрепнет, если человек станет внимательно следить за связью описываемого в Библии, сравнивая стих со стихом и сопоставляя духовное с духовным.

Ничто не может так хорошо укрепить интеллект, как исследование Писаний. Ни одна другая книга не имеет такую могущественную силу облагораживать помыслы, придавать силу способностям, как Библия с ее обширными возвышающими истинами. Если бы Слово Божье изучалось, как должно, человек обрел бы широту ума, благородство характера и целеустремленность – то, что редко встречается в наши дни.

Но человек извлекает крайне мало пользы, когда поспешно читает Писания. Можно прочитать Библию от корки до корки, но так и не увидеть ее красоту и не понять ее глубоко сокрытых значений. Изучение одного отрывка до ясного понимания его важности и связи с планом спасения гораздо ценнее бесцельного прочтения нескольких глав, не приносящего полезных наставлений. Пусть ваша Библия будет с вами. Читайте ее при любой возможности, запоминайте тексты. Даже идя по улице, вы можете прочитать отрывок и размышлять о нем, таким образом, запоминая его.

Мы не можем обрести мудрость без серьезного, внимательного и молитвенного изучения Библии. Некоторые тексты Писания, действительно, слишком просты, чтобы быть неверно истолкованными, но значение других не лежит на поверхности и их сложно понять с первого прочтения. Один написанный стих должен сравниваться с другим. Должно иметь место скрупулезное изучение и молитвенное осмысление. И такое исследование будет щедро вознаграждено. Подобно тому, как рудокоп обнаруживает залежи драгоценного металла, скрытого под поверхностью земли, настойчивый исследователь Слова Божьего находит сокрытое сокровище истин величайшей ценности, недоступных взору небрежного искателя. Серьезно осмысленные драгоценные слова уподобятся потокам, струящимся из Источника жизни.

> Никогда нельзя исследовать Библию без молитвы. Просите просвещения от Святого Духа

Никогда нельзя исследовать Библию без молитвы. Прежде чем открыть ее, нам следует попросить просвещения от Святого Духа, и оно будет дано нам. Когда Нафанаил пришел к Иисусу, Спаситель воскликнул: «Вот подлинно израильтянин, в котором нет лукавства!» Нафанаил спросил: «Почему Ты знаешь меня?» Иисус ответил: «Прежде, нежели позвал тебя Филипп, когда ты был под смоковницей, Я видел тебя» Ин. 1:47-48. И нас Иисус также увидит в потаенных местах молитвы, если мы будем искать Его света, чтобы понять, что есть истина. Ангелы света пребудут с теми, кто в смирении сердец ищет Божественного водительства.

Святой Дух возвышает и прославляет Спасителя. Его задача представить Христа, чистоту Его праведности и великое спасение, которое мы имеем через Него. Иисус говорит: «От Моего возьмет и возвестит вам» Ин. 16:14. Дух истины – единственный, Кто имеет силу научить Божественной правде. Как высоко, должно быть, Бог оценивает человечество, раз Он отдал Своего Сына на смерть за него и поручил Своему Духу быть его Учителем и постоянным Путеводителем!

«Сия же есть жизнь вечная,
да знают Тебя,
единого истинного Бога,
и посланного Тобою Иисуса Христа»

Иоанна 17:3

Глава 11

ПРИВИЛЕГИЯ МОЛИТВЫ

Посредством природы и откровения, действуя через Свое провидение и влияние Духа, Бог общается с нами. Но этого недостаточно; нам нужно изливать Ему свою душу. Чтобы вести духовную жизнь и иметь силу, нам необходимо постоянно разговаривать с нашим небесным Отцом. Наш разум должен быть направлен к Нему; мы можем думать о Его деяниях, Его милостях, Его благословениях, но это не является в полном смысле слова общением с Ним. Чтобы общаться с Богом, мы должны говорить с Ним о нашей повседневной жизни.

Молитва – это способ открыть свое сердце Богу как Другу. Это нужно не для того, чтобы объяснить Богу, кем мы являемся, но чтобы получить способность принять Его. Молитва не приближает Бога к нам, но нас – к Нему.

Когда Иисус был на земле, Он учил Своих учеников молиться. Он побуждал их представлять Богу свои повседневные потребности и возлагать все свои проблемы на Него. И Он уверял их в том, что их просьбы будут услышаны. Это обетование справедливо и для нас.

Сам Иисус, когда жил среди людей, часто молился. Наш Спаситель был подобен нам. Имея те же нужды и слабости, Он был Просителем, ища у Своего Отца свежие силы, дабы, укрепившись, выполнять долг и переносить испытания. Он – наш Пример во всем. Он – Брат нам по немощам, «подобно нам, искушен во всем», но будучи безгрешным, Он испытывал отвращение ко злу; Он перенес борьбу и душевные муки в этом мире греха. Для Его человеческой природы молитва была насущной потребностью и привилегией. Он находил утешение и радость в общении со Своим Отцом. И если Спаситель людей, Божий Сын, чувствовал необходимость молиться, то насколько сильнее следует слабым, грешным смертным испытывать нужду в пылкой, постоянной молитве.

Наш небесный Отец ждет, когда сможет даровать нам все обилие Своих благодеяний. У нас есть преимущество свободно и много пить из Источника безграничной любви. Как странно, что мы молимся так мало! Бог готов услышать и желает услышать искреннюю молитву самого робкого из Своих детей, однако с нашей стороны проявляется такое сильное нежелание открыть Богу свои нужды. Что могут думать небесные ангелы о несчастных, беспомощных человеческих существах, которые подвергаются искушениям и которые, однако, молятся так мало и имеют такую слабую веру, в то время как Божье сердце безграничной любви томится в готовности дать им больше, нежели они могут попросить или представить себе? Ангелы любят склоняться перед Богом; они любят находиться вблизи Него. Они считают общение с Ним наивысшей отрадой; и все же дети земли, так сильно нуждающиеся в

У нас есть преимущество свободно и много пить из Источника безграничной любви помощи, которую может оказать только Бог, кажется, удовлетворены тем, что ходят без света Его Духа и находятся вне Его присутствия.

Зловещая мгла окружает пренебрегающих молитвой. Нашептываемые врагом искушения склоняют их ко греху; и это все потому, что они не пользуются привилегиями, которые Бог предоставил им, указав на Божественный дар молитвы. Почему же сыновья и дочери Бога не желают молиться, когда молитва – это ключ в руке веры, который открывает Небеса, где хранятся сокровища неиссякаемых источников Всемогущего? Без неустанной молитвы и постоянного бодрствования мы находимся в опасности стать беспечными и отклониться от правильного пути. Противник непрестанно пытается затруднить дорогу к престолу милости, чтобы мы посредством искренних молитв и веры не обрели благодать и силу противостоять искушению.

Существуют определенные условия, на которых мы можем ожидать, что Бог услышит наши молитвы и ответит на них. Первое из них состоит в том, чтобы мы ощутили нужду в помощи от Него. Он пообещал: «Ибо Я изолью воды на жаждущее и потоки на иссохшее» Ис. 44:3. Алчущие и жаждущие праведности, желающие следовать за Богом, могут не сомневаться, что будут насыщены. Сердце должно быть открыто влиянию Духа, иначе Божьи благословения не будут получены.

Наша большая нужда – это, собственно, аргумент, который самым красноречивым образом говорит в нашу пользу. Но только Господь, Которого нам надлежит искать, может сделать для нас все. Он говорит: «Просите, и дано будет вам» Мф. 7:7. И «Тот, Который

Сына Своего не пощадил, но предал Его за всех нас, как с Ним не дарует нам и всего?» Рим. 8:32.

Если мы не обращаем внимание на беззаконие в наших сердцах, если мы прилепились к какому-нибудь осознанному греху, то Господь не услышит нас, но молитва кающейся, сокрушающейся души всегда принимается. Когда все известные недостатки исправляются, мы можем верить, что Бог ответит на все наши просьбы. Наши собственные заслуги никогда не принесут нам благоволение Бога; это заслуги Христа спасут нас, Его Кровь очистит нас; однако нам необходимо трудиться, чтобы удовлетворить условия для принятия.

> ЕЩЕ ОДИН ЭЛЕМЕНТ ДЕЙСТВЕННОЙ МОЛИТВЫ – ЭТО ВЕРА

Еще один элемент действенной молитвы – это вера. «Ибо надобно, чтобы приходящий к Богу веровал, что Он есть и ищущим Его воздает» Евр. 11:6. Иисус сказал Своим ученикам: «Все, чего не будете просить в молитве, верьте, что получите, – будет вам» Мк. 11:24. Верим ли мы Его слову?

Это заверение широко и безгранично, и верен Обещавший. Когда мы не получаем все то, о чем просим, и в то время, в которое просим, то нам все равно нужно верить, что Господь слышит и что Он ответит на наши просьбы. Мы настолько подвержены ошибкам и так недальновидны, что порой просим то, что не послужит для нас благословением, и потому наш небесный Отец в Своей любви отвечает на наши молитвы, давая то, что будет содействовать нашему величайшему благу – то, чего пожелали бы мы сами, если бы наше видение было просвещено свыше и мы узрели бы настоящее положение вещей.

Когда нам кажется, что наши молитвы остаются без ответа, нам нужно держаться обетования; ведь ответ обязательно придет в свое время, и мы обретем благословения, в которых больше всего нуждаемся. Но утверждение о том, что на молитву всегда будет дан ответ именно таким способом, как нам нужно, и что мы получим то, чего желаем, является самонадеянностью. Бог слишком мудр, чтобы совершать ошибки, и слишком добр, чтобы удерживать что-то хорошее от тех, кто желает идти верным путем. Поэтому не бойтесь доверять Ему, даже если вы не видите незамедлительных ответов на свои молитвы. Положитесь на Его надежное обетование: «Просите, и будет вам» Мф. 7:7.

Если мы будем наставляться своими сомнениями и страхами или пытаться найти решение всему, что не видим ясно, не имея веры, смущение только увеличится и углубится. Но если мы придем к Богу, какие мы есть на самом деле, осознавая свою беспомощность и зависимость, и скромно, доверительно принесем наши нужды Тому, Чье знание безгранично, Кому открыто все в творении и Кто руководит всем по Своей воле и Своим словом, то Он услышит наш вопль и позволит свету озарить наши сердца. Посредством искренней молитвы мы соединяемся с разумом Бесконечного. Мы можем не получить сразу же явного доказательства того, что Искупитель склоняется над нами с состраданием и с любовью, но это именно так. Мы можем не ощутить Его прикосновение, но Его рука покоится на нас в любви, сочувствии и нежности.

Когда мы приходим к Богу попросить милости и благословений, в наших сердцах должен присутствовать дух любви и прощения. Как мы можем молиться: «Прости нам долги наши, как и мы прощаем должникам нашим» Мф. 6:12 и в то же время лелеять дух непрощения? Если мы надеемся, что наши молитвы будут услышаны, мы должны простить других так же и до такой же степени, до какой хотим быть прощенными сами.

> Посредством искренней молитвы мы соединяемся с разумом Бесконечного

Настойчивость в молитве стала условием для ответа на нее. Если мы желаем возрастать в вере и опыте, мы должны молиться всегда. Мы должны быть «в молитве – постоянны», «бодрствуя в ней с благодарением» Рим. 12:12; Кол. 4:2. Петр призывает верующих: «Будьте благоразумны и бодрствуйте в молитвах» 1Петр. 4:7. Павел учит: «Всегда в молитве и в прошении с благодарением открывайте свои желания пред Богом» Флп. 4:6. «А вы, возлюбленные, – говорит Иуда, – молясь Духом Святым, сохраняйте себя в любви Божией» Иуды 20-21. Постоянная молитва – это несокрушимый союз души с Богом, и таким образом жизнь от Бога льется в нашу жизнь, а от нашей жизни чистота и святость устремляются назад к Богу.

Есть необходимость в усердной молитве; ничему не позволяйте мешать вам. Сделайте все возможное, чтобы общение между вашей душой и Иисусом оставалось открытым. Изыскивайте любую возможность, чтобы идти туда, где молитва – это привычное дело. Тех, кто на самом деле ищет общения с Богом, можно будет увидеть на молитвенных собраниях. Это люди, верно исполняющие свой долг и искренне желающие пожать урожай всех благословений, которые только можно обрести. Они используют любую возможность быть там, где получат лучи света с Небес.

Нам нужно молиться в кругу семьи, но, кроме этого, мы не должны пренебрегать тайной молитвой, поскольку она – жизнь души. Душа не может процветать, если молитва игнорируется. Только семейной и общественной молитвы недостаточно. Пусть в уединении душа открывает все испытующему взору Бога. Личную молитву должны слышать только молящийся и Бог. Ни один любопытствующий не должен знакомиться с содержанием такой молитвы. В тайной молитве душа освобождается от окружающего ее влияния, освобождается от волнений. Спокойно, но пылко она будет устремляться к Богу. Приятным и постоянным будет влияние, исходящее от Того, Кто видит тайное, Чье ухо отверсто для слушания молитвы, идущей от сердца. Тихой, простой верой душа поддерживает общение с Богом и притягивает к себе лучи Божественного света, который подкрепляет ее и помогает ей в борьбе с сатаной. Бог – наша Крепость.

Нет такого времени или места, в котором вознести прошения Богу было бы неуместно

Молитесь в уединенном месте, и во время своих ежедневных занятий позвольте сердцу чаще обращаться к Богу. Именно так Енох ходил с Богом. Такие тихие молитвы возносятся подобно драгоценному благовонию к престолу благодати. Сатана не может победить того, чье сердце подобным образом покоится в Боге.

Нет такого времени или места, в котором вознести прошения Богу было бы неуместно. Ничто не может помешать нам возвысить сердца в духе искренней молитвы. В уличной толпе, посреди деловой суеты мы можем отправить прошение Богу и умолять Его о Божественном водительстве, как это делал Неемия, излагая свою просьбу царю Артаксерксу. Место общения с Богом везде, где мы находимся. Мы должны держать постоянно открытыми двери сердца. И нам надлежит приглашать Иисуса прийти и поселиться в душе в качестве Небесного Гостя.

Хотя вокруг нас может быть греховная, испорченная атмосфера, нам не нужно вдыхать ее ядовитые испарения, мы можем дышать чистым воздухом Небес. Мы можем закрыть дверь нечистому воображению и несвятым мыслям, возвышая душу в присутствии Бога посредством искренней молитвы. Те, чьи сердца открыты для принятия поддержки и благословений Бога, будут находиться в более святой атмосфере и будут иметь постоянную связь с Небесами.

Мы нуждаемся в том, чтобы иметь более ясное представление об Иисусе и более полное понимание реалий вечности. Красота святости должна наполнить сердца Божьих детей; и чтобы это могло осуществиться, нам следует искать Божественных небесных откровений.

Пусть душа стремится вперед и ввысь, дабы Бог мог даровать ей небесную атмосферу. Мы можем держаться так близко к Богу, что в любом неожиданном испытании наши мысли будут обращены к Нему так же естественно, как цветок тянется к солнцу.

Рассказывайте Богу о своих нуждах, радостях, печалях, заботах и страхах. Вы не можете обременить Его этим, не можете утомить. Тот, Кто сосчитал все волосы на вашей голове, не равнодушен к нуждам

Своих детей. «Господь весьма милосерд и сострадателен» Иак. 5:11. Его любящее сердце трогают наши печали и даже наши рассказы о них. Отнесите Ему все, что смущает разум. Нет слишком тяжелого бремени для Него, ведь Он поддерживает миры, Он правит всем во Вселенной. Ничто не является слишком незначительным для Его внимания, если это касается нашего внутреннего мира. Нет ни одной главы в нашей жизни настолько Ему непонятной, чтобы ее прочитать; нет ни одного затруднения, которого Он не мог бы разрешить. Ни одна беда не приключится и с малейшим из Его детей, ни одна тревога не обеспокоит душу, ни одна радость не ободрит, ни одна искренняя молитва не сорвется с уст – ничего не произойдет, о чем не ведал бы наш небесный Отец или в чем Он не был бы заинтересован. «Он исцеляет сокрушенных сердцем и врачует скорби их» Пс. 146:3. Отношения между Богом и каждой душой такие же индивидуальные и глубокие, как будто бы на земле нет никого другого, о ком Он мог бы заботиться и за кого отдал бы Своего возлюбленного Сына.

> Рассказывайте Богу о своих нуждах, радостях, печалях, заботах и страхах

Иисус сказал: «Будете просить во имя Мое, и не говорю вам, что Я буду просить Отца о вас; ибо Сам Отец любит вас». «Я вас избрал... дабы, чего ни попросите у Отца во имя Мое, Он даст вам» Ин. 16:26-27; 15:16. Но молиться во имя Иисуса это больше, чем просто упоминать Его имя в начале и в конце молитвы. Это значит молиться по воле Иисуса, согласно с Его Духом, когда мы верим Его обетованиям, полагаемся на Его благодать и совершаем Его труд.

Бог не желает, чтобы кто-то из нас становился отшельником или монахом и удалялся из мира, чтобы отдать себя на дело служения. Наша жизнь должна уподобиться жизни Христа – в молитве и среди людей. Тот, кто ничего не делает, а только молится, вскоре перестанет и молиться или же его молитвы станут формальностью. Когда люди уходят из общества, покидают сферу христианских обязанностей и отказываются нести свой крест; когда они прекращают постоянно трудиться для Господа, Который непрестанно трудился для них, то им становится не о чем молиться, и они теряют стремление к посвящению. Их молитвы становятся эгоистичными и сосредоточенными на себе. Они не могут молиться о нуждах человечества или о построении Царства Христа и просить силу для выполнения этой работы.

Мы терпим поражение, когда пренебрегаем преимуществом находиться друг с другом, подкрепляя и подбадривая один другого в труде для Бога. Истины Его слова теряют свою ясность и важность в наших умах. Наши сердца уже не просвещаются и не вдохновляются их священным влиянием, и мы духовно деградируем. Мы многое теряем в нашем христианском общении, если нам недостает сочувствия друг ко другу. Тот, кто замыкается в себе, не выполняет того, что Бог замыслил относительно его служения. Надлежащее культивирование духа общения в нашем характере приведет нас в согласие с другими и станет средством развития и укрепления нас в служении Богу.

Если бы христиане собирались вместе, говоря между собой о любви Бога и о бесценных истинах спасения, их сердца обновлялись бы, и они подкрепляли бы друг друга. Мы можем ежедневно все больше познавать нашего небесного Отца, обретая свежий опыт в Его благодати; тогда мы захотим говорить о Его любви; и когда мы станем это делать, наши собственные души будут согреваться и воодушевляться. Если бы мы больше размышляли и говорили об Иисусе и меньше о себе, то чувствовали бы Его присутствие гораздо лучше.

Если бы мы думали о Боге всякий раз, когда получали свидетельство Его заботы о нас, то всегда хранили бы Его в наших мыслях, восторженно говорили бы о Нем и восхваляли Его. Мы разговариваем о временном, поскольку оно привлекает наш интерес. Мы говорим о наших друзьях, потому что любим их; радости и горести связывают нас с ними. Однако у нас есть неизмеримо более веская причина любить Бога, нежели своих земных друзей; намного естественнее было бы ставить Его на первое место в своих мыслях на этой земле, рассказывая о Его благости и о Его силе. Щедрые дары, которые Он нам пожаловал, даны нам не для того, чтобы поглощать все наши мысли и любовь настолько, чтобы для Бога ничего не оставалось; они должны постоянно напоминать нам о Нем и связывать нас с нашим небесным Благодетелем узами любви и благодарности. Мы слишком сосредоточиваемся на земном. Давайте возведем очи к открытой двери в небесное Святилище, где свет славы Бога сияет от лика Христа. «Он может всегда спасать приходящих через Него к Богу» Евр. 7:25.

Нам нужно славить Бога больше «за милость Его и за чудные дела Его для сынов человеческих» Пс. 106:8. Наши молитвы не должны состоять лишь из прошений о получении. Не надо постоянно думать о своих потребностях, но всегда размышлять о получаемых благах. Мы не так много молимся, и при этом мы слишком скупы на слова благодарности. Мы постоянно ощущаем Божью милость, и все же как мало выражаем благодарность, как редко восхваляем Его за то, что Он совершил для нас.

В древние времена Бог повелел израильтянам, когда они собирались на служение Ему: «И ешьте там пред Господом, Богом вашим, с веселием, вы и семейства ваши, о всем, что делалось руками вашими, чем благословил тебя Господь, Бог твой» Втор. 12:7. Все, что совершается во славу Божью, должно совершаться радостно, с песнями хвалы и благодарения, а не уныло и печально.

Наш Бог – чуткий, милостивый Отец. На служение Ему нельзя смотреть как на тягостный, заунывный труд. Служить Господу и принимать участие в Его деле должно быть удовольствием. Бог не желает, чтобы Его дети, для которых Он предусмотрел такой великий план спасения, вели себя так, будто бы Он – суровый и требовательный Надзиратель. Он – их лучший Друг; и когда они служат Ему, Он стремится быть с ними, чтобы благословлять, утешать и наполнять их сердца радостью и любовью. Господь желает, чтобы Его дети нашли утешение в служении Ему и испытали бы больше удовольствия, нежели затруднений в работе для Него. Он желает, чтобы те, кто приходит к Нему на поклонение, всегда уносили с собой драгоценные мысли о Его заботе и любви, чтобы они имели бодрый дух во всех тяготах повседневной жизни и чтобы им была доступна благодать,

> Наш Бог – чуткий, милостивый Отец

с которой они могли бы честно и верно поступать во всем.

Нам надлежит собираться у креста. Христос, и Христос распятый, должен быть темой для наших размышлений, бесед и самых радостных чувств. Нам нужно помнить все благодеяния, полученные от Бога; и когда мы понимаем, насколько велика Его любовь, мы испытываем желание доверить все Божьей руке, пригвожденной по нашей вине ко кресту.

Душа должна подниматься к Небесам на крыльях прославления. Богу служат на Небе с песнопением и музыкой; и когда мы выражаем свою благодарность, то объединяемся с небесными воинствами в поклонении Ему. «Кто приносит в жертву хвалу, тот чтит Бога» Пс. 49:23. Давайте с благоговейной радостью явимся пред лицо нашего Создателя со «славословием и песнопением» Ис. 51:3.

«И об одежде что заботитесь?
Посмотрите на полевые лилии,
как они растут:
ни трудятся, ни прядут;
но говорю вам, что и Соломон
во всей славе своей не одевался так,
как всякая из них»

Матфея 6:28-29

Глава 12

ЧТО ДЕЛАТЬ С СОМНЕНИЯМИ?

Многие люди, особенно те, кто только начинает свой христианский путь, временами подвержены скептицизму. В Библии существует много мест, которые они не могут истолковать или уразуметь, и сатана пользуется этим, чтобы пошатнуть их веру в Писания как в откровение Божие. Они спрашивают: «Как мне узнать правильный путь? Если Библия на самом деле Слово Бога, как мне избавиться от этих сомнений и замешательства?»

Бог никогда не просит нас верить, не предоставляя вполне убедительных свидетельств, на которых мы можем основывать свою веру. Его бытие, Его характер, истинность Его Слова – все это утверждается свидетельством, которое обращается к нашему уму; и это свидетельство всеобъемлюще. Однако Бог никогда не устраняет возможность сомневаться. Наша вера должна покоиться на свидетельствах, а не на доказательствах. У желающих сомневаться будет такая возможность, в то время как стремящиеся познать истину найдут множество свидетельств, на которых может основываться их вера.

Ограниченный разум не может полностью уразуметь характер или деяния Безграничного.

Для самого развитого интеллекта, самого образованного ума святой Сущий должен навсегда остаться окутанным тайной: «Можешь ли ты исследованием найти Бога? Можешь ли совершенно постигнуть Вседержителя? Он превыше небес, – что можешь сделать? Глубже преисподней, – что можешь узнать?» Иов 11:7-8.

Апостол Павел восклицает: «О, бездна богатства и премудрости и ведения Божия! Как непостижимы судьбы Его и неисследимы пути Его!» Рим. 11:33. Но хотя «облако и мрак окрест Его», все же «правда и суд – основание престола Его» Пс. 96:2. Мы можем в той мере постичь Его обхождение с нами и то, чем Он движим, в какой способны увидеть беспредельную любовь и милость, объединенные с безграничным могуществом. Мы можем лишь настолько понять Его цели, насколько это послужит нам во благо; и мы должны все вверить руке Всемогущего и Его сердцу, исполненному любви.

Слово Бога, как и характер его Божественного Автора, заключает в себе тайны, которые никогда не будут до конца поняты смертными. То, как беззаконие вошло в мир, воплощение Христа, возрождение, воскресение и многие другие, представленные в Библии темы, являют слишком глубокие тайны, чтобы человеческий разум мог объяснить или полностью постичь их. Но у нас нет повода сомневаться в Божьем Слове по той причине, что мы не можем понять тайны Его провидения. В мире природы нас постоянно окружают загадки, которые мы не можем разгадать. Наипростейшие формы жизни представляют задачу, которую самые мудрые философы бессильны разъяснить. Повсюду существуют чудеса, неподвластные нашему разумению. Нужно ли тогда нам изумляться тому, что в духовной сфере также имеются таинства, которые мы не в состоянии постичь? Проблема заключается лишь в слабости и ограниченности разума людей. Бог предоставил в Библии достаточно свидетельств Божественного происхождения Писаний, и мы не должны сомневаться в Его Слове лишь потому, что не в состоянии понять все тайны Его провидения.

Апостол Петр говорит, что в Писаниях «...есть нечто неудобовразумительное, что невежды и неутвержденные, к собственной своей погибели, превращают» 2Петр. 3:16. Скептики используют трудные места Писания в качестве аргумента против Библии, но на самом деле это составляет убедительное доказательство ее Божественного вдохновения. Если бы она не содержала записей о Боге, кроме тех, которые можно легко понять, если бы Его величие и могущество люди могли легко уразуметь, тогда Библия не несла бы в себе непогрешимое удостоверение Божественного авторитета. Само величие и таинство представленных тем должны вдохновлять веру в Библию как в Слово Бога.

Библия раскрывает истину в простоте, делая ее совершенно близкой к нуждам и желаниям сердца человека. Это поражает и привлекает самых образованных людей, и в то же время Библия наделяет силой самых простых и необразованных находить путь спасения. И, однако, эти истины, так просто изложенные, заключаются в предметах, столь возвышенных, всеобъемлющих и так безгранично неподвластных человеческому разумению, что мы можем принять их только потому, что Бог говорит о них. Таким образом, план искупления открыт нам, и каждая душа может понять, какие шаги ей нужно пройти в покаянии перед Богом и в вере в нашего Господа Иисуса Христа, дабы обрести спасение назначенным Богом путем; однако за этими легкими для понимания истинами лежат тайны, скрывающие Его славу; тайны, непостижимые разуму, однако вдохновляющие искреннего искателя истины благоговением и верой. Чем больше он изучает Библию, тем больше убеждается в том, что это Слово живого Бога, и человеческий разум преклоняется перед величием Божественного откровения.

Признать, что мы не можем полностью постичь величие истины Библии, означает согласиться с тем, что смертный разум неспособен познать бесконечное, что человек с ограниченным знанием не может постичь целей Всеведущего.

Скептики и нечестивые отвергают Божье Слово, поскольку не могут разгадать все его тайны; и не все, утверждающие, что верят Библии, вне опасности в этом отношении. Апостол говорит: «Смотрите, братия, чтобы не было в ком из вас сердца лукавого и неверного, дабы вам не отступить от Бога живого» Евр. 3:12. Правильно поступают те, кто подробно изучает Библию и исследует «глубины Божии» так, как они явлены в Писаниях 1Кор. 2:10. «Сокрытое принадлежит Господу, Богу нашему, а открытое – нам» Втор. 29:29. Но сатана трудится над тем, чтобы извратить силы ума, способные к изучению. И определенная доля гордости примешивается при исследовании библейской истины, поэтому люди испытывают нетерпение и чувствуют себя униженными, если не могут убедительно истолковать любой отрывок Писания. Слишком оскорбительно для них признать тот факт, что они не понимают вдохновенные слова. Они не желают терпеливо ждать, пока Бог посчитает нужным разъяснить им истину. Они считают, что их беспомощной человеческой мудрости достаточно для того, чтобы они могли уразуметь Писания; и когда им не удается сделать это, они фактически отрицают их авторитет. Верно то, что многие теории и доктрины, которые, как предполагает большинство, берут начало в Библии, не имеют под собой оснований в ее учениях и в действительности противоречат всему смыслу вдохновенного Писания. Подобные вещи послужили причиной сомнений и недоумения многих людей. Но Слово Божие не в ответе за них, за них в ответе извращающие его люди.

Если бы созданные существа могли обрести полное познание Бога и Его деяний, то по достижении этого для них прекратилось бы дальнейшее открытие истины, возрастание в познании, дальнейшее развитие души и ума. Бог перестал бы быть Наивысшим, а человек, достигнув предела знаний и достижений, прекратил бы возрастать. Возблагодарим Бога за то, что этого не произошло. Бог вечен и бесконечен; в Нем «все сокровища премудрости и ведения» Кол. 2:3. И на протяжении всей вечности у людей будет возможность исследовать, изучать, и все равно они не исчерпают сокровища Его мудрости, Его благости и Его силы.

Бог желает, чтобы даже в этой жизни истины Его Слова открывались Его народу. Существует только один способ обрести знания. Мы можем получить понимание Божьего Слова через просвещение от того Духа, посредством Которого это Слово было даровано. «Божьего никто не знает, кроме Духа Божия», «ибо

Дух все проницает, и глубины Божии» 1Кор. 2:11-10. И обетование Спасителя Своим последователям было таким: «Когда же придет Он, Дух истины, то наставит вас на всякую истину... потому что от Моего возьмет и возвестит вам» Ин. 16:13-14

Бог желает, чтобы люди упражняли свои умственные силы; и исследование Библии, как никакое другое дело, укрепит и облагородит разум. Однако мы должны остерегаться обожествлять разум, подверженный человеческим слабостям и недостаткам. Чтобы Писания не были закрыты нашему пониманию завесой и мы могли постигать простейшие истины, нам нужно иметь простоту и веру малого ребенка, готовность учиться и молиться о помощи Святого Духа. Сознание могущества и мудрости Бога и нашей неспособности уразуметь Его величие должно вдохновить и смирить нас, дабы мы со священным трепетом открывали Его Слово, будто приходя к Нему на аудиенцию. Когда мы соприкасаемся с Библией, разум должен признать авторитет Высшего над ним, а сердце и интеллект должны покориться великому «Я ЕСМЬ».

Сознание могущества и мудрости Бога и нашей неспособности уразуметь Его величие должно вдохновить и смирить нас

Как очевидно, существует много трудных и неясных мест, которые Бог сделает простыми и ясными для тех, кто таким образом пытается понять их. Но без водительства Святого Духа мы будем склонны постоянно извращать и превратно объяснять Писания. Часто Библию читают не на пользу, а во многих случаях и во вред. Когда Слово Бога открывается без благоговения и молитвы, когда мысли и привязанности не сосредоточены на Боге или не находятся в гармонии с Его волей, разум окутывают сомнения, и при самом изучении Библии скептицизм упрочняется. Враг обретает контроль над мыслями и предлагает ложные толкования. Если только люди словом и делом не пытаются быть в гармонии с Богом, то, как бы они ни были образованны, они склонны ошибаться в своем толковании Писаний и небезопасно доверять их пониманию. Те, кто в Писаниях ищет несоответствия, не имеют духовной проницательности. Своим искаженным взглядом они найдут много поводов для сомнения и неверия в то, что на самом деле просто и ясно.

Они могут это скрывать, но истинная причина сомнений и скептицизма в большинстве случаев – любовь ко греху. Учения и ограничения Божьего Слова не приветствуются гордым, любящим грех сердцем; и те, кто не желает повиноваться его требованиям, готовы подвергать сомнению его авторитет. Чтобы обрести истину, мы должны иметь искреннее стремление знать правду и готовность от души подчиняться ей. Все, кто с этим духом начинают исследовать Библию, найдут обилие свидетельств, что это Слово Бога, и они смогут обрести понимание истин, которые умудрят их во спасение.

Христос сказал: «Кто хочет творить волю Его, тот узнает о сем учении, от Бога ли оно» Ин. 7:17. Вместо того, чтобы оспаривать или выискивать недостатки в том, что неясно, примите свет, уже сияющий на вас, и вы обретете больший свет. Благодатью Христа исполняйте каждое дело, которое открылось вашему разумению, и вы получите силу исполнять то, что вызывает у вас сомнение.

Есть свидетельство, открытое каждому – и самому образованному, и самому безграмотному – свидетельство опыта. Бог приглашает нас испытать действенность Его Слова, истинность Его обетований. Он просит нас: «Вкусите и увидите, как благ Господь» Пс. 33:9. Вместо того чтобы доверять словам друг друга, мы можем испытать это сами. Иисус провозглашает: «Просите и получите» Ин. 16:24. Его обещания осуществятся. Они никогда не подводили; они никогда не могут быть нарушены. И когда мы приближаемся к Иисусу, мы радуемся полноте Его любви, наши сомнения и тьма рассеиваются в свете Его присутствия.

Апостол Павел говорит, что Бог освободил нас «от власти тьмы» и ввел «в царство возлюбленного Сына Своего» Кол. 1:13. И каждый, кто перешел от смерти в жизнь, «сим запечатлел, что Бог истинен» Ин. 3:33. Он может засвидетельствовать: «Мне нужна была помощь, и я обрел ее в Иисусе. Все нужды были восполнены; голод души был утолен; и теперь Библия для меня – это откровение Иисуса Христа. Вы спрашиваете, почему я верю в Иисуса? Потому что для меня Он – Божественный Спаситель. Почему я верю Библии? Потому что я понял, что она говорит к моей душе». Мы можем в самих себе иметь свидетельство тому, что Библия истинна, что Христос – Сын Божий. Мы знаем, что не следуем хитросплетенным басням.

Петр призывает своих братьев «возрастать в благодати и познании Господа нашего и Спасителя Иисуса Христа» 2Петра 3:18. Когда народ Божий возрастает в благодати, он будет постоянно обретать более ясное понимание Его Слова. Он сможет различить новый свет и красоту священных истин. Во все века истории церкви это было справедливо, и так будет до конца. «Стезя праведных – как светило лучезарное, которое более и более светлеет до полного дня» Притчи 4:18.

Верой мы можем смотреть в будущее и ухватиться за Божие обетование о том, что разум укрепится, человеческие способности объединятся с Божественными и все силы души напрямую будут связаны с Источником света. Мы можем радоваться, что всё, смущавшее нас в путях Божиих, прояснится; трудные для понимания вещи получат объяснение; и там, где наш ограниченный разум испытывал лишь смущение и имел дело с несбыточными мечтами, мы увидим совершенную и прекрасную гармонию. «Теперь мы видим как бы сквозь тусклое стекло гадательно, тогда же лицом к лицу; теперь знаю я отчасти, а тогда познаю, подобно как я познан» 1Кор. 13:12.

«Можешь ли ты
исследованием найти Бога?
Можешь ли совершенно постигнуть
Вседержителя?
Он превыше небес, – что можешь сделать?
Глубже преисподней, – что можешь узнать?»

Иов 11:7-8

Глава 13

РАДУЯСЬ В ГОСПОДЕ

Детям Божьим надлежит представлять Христа, проявляя благость и милость Господа. Как Иисус явил нам подлинный характер Отца, так и нам нужно показать Христа миру, который не имеет представления о Его нежной любви и сочувствии. «Как Ты послал Меня в мир, – сказал Иисус, – так и Я послал их в мир»; «Я в них, и Ты во Мне... да познает мир, что Ты послал Меня» Ин. 17:18,23. Апостол Павел говорит ученикам Иисуса: «Вы показываете собой, что вы – письмо Христово», «узнаваемое и читаемое всеми человеками» 2Кор. 3:3-2. С каждым из Своих детей Иисус посылает весть миру. Если вы – последователь Христа, Он отправляет с вами письмо семье, селению, улице, где вы живете. Иисус, обитающий в вас, жаждет говорить к сердцам тех, кто не знает Его. Вероятно, они не читают Библию или не слышат голос, говорящий к ним с ее страниц; они не замечают любовь Бога в Его деяниях. Но если вы – истинный последователь Иисуса, то, возможно, благодаря вам они придут к пониманию Его благости и возжелают любить Его и служить Ему.

Христиане призваны быть светильниками на дороге к Небесам. Им надлежит отражать на мир свет, сияющий им от Христа. Их жизнь и характер должны быть такими, чтобы через них другие люди получили верное представление о Христе и Его миссии.

Если мы представляем Христа, то сделаем служение Ему привлекательным, каковым оно и является в действительности. Христиане, которые взращивают в своих сердцах дух уныния и грусти, ропщут и жалуются, дают остальным ложное представление о Боге и жизни христиан. Они производят впечатление, будто бы Богу неугодно видеть своих детей счастливыми, и этим ложно свидетельствуют о своем небесном Отце.

Сатана испытывает восторг, когда может погрузить детей Бога в неверие и отчаяние. Он торжествует, когда видит, что мы не выражаем доверие Богу, сомневаясь в Его желании и способности спасти нас. Он любит, когда мы считаем, что Господь причинит нам вред Своим провидением. Сатана прикладывает усилия, чтобы показать Бога не имеющим в достаточной мере сострадания и сочувствия. Он извращает истину о Боге. Он наполняет воображение ложными идеями относительно Бога, и вместо того чтобы думать об истине, имеющей отношение к нашему небесному Отцу, мы слишком часто сосредоточиваемся на неверных толкованиях сатаны и бесчестим Бога недоверием Ему и ропотом против Него. Сатана всегда пытается сделать религиозную жизнь унылой. Он желает, чтобы она казалась сложной и полной трудов; и когда христиане в своей собственной жизни представляют такой взгляд на религию, они своим неверием удваивают ложное свидетельство сатаны.

> Сатана испытывает восторг, когда может погрузить детей Бога в неверие и отчаяние

Многие, идя жизненной тропой, размышляют о своих промахах, неудачах и разочарованиях, и их души наполнены горем и печалью. Когда я находилась в

Европе, сестра, поступающая подобным образом и пребывающая в депрессии, написала, прося у меня слов воодушевления. Следующей ночью после прочтения ее письма мне приснилось, что я находилась в саду, и тот, кто, казалось, был владельцем сада, вел меня по его тропинкам. Я собирала цветы и наслаждалась их ароматом, когда эта сестра, шедшая рядом со мной, обратила мое внимание на уродливые колючки, затруднявшие ее путь. Она роптала и жаловалась. Она шла не по тропинке за проводником, но среди колючек и шипов. «О! – роптала она, – какая жалость, что такой чудесный сад испорчен терниями». Затем проводник сказал: «Оставьте эти колючки, так как они только поранят вас. Собирайте розы, лилии и гвоздики».

> Разве Божьи обетования не подобны благоухающим цветам?

Неужели в вашем христианском опыте не было ярких моментов? Разве вы не переживали драгоценные мгновения, когда сердце билось от радости в ответ на действие Духа Божьего? Когда вы возвращаетесь к главам своего жизненного опыта, неужели вы не находите приятные страницы? Разве Божьи обетования, подобно благоухающим цветам, не произрастают по обе стороны жизненного пути? Неужели вы не позволите их красоте и аромату наполнить счастьем ваше сердце?

Тернии и колючки лишь поранят вас и причинят вам боль; и если вы собираете только их и показываете другим, вы не только пренебрегаете благостью Божьей, но и препятствуете окружающим следовать стезей жизни?

Не мудро собирать все неприятные воспоминания прошлой жизни, ее ошибки и разочарования, чтобы говорить и сокрушаться о них, пока уныние не объемлет нас. Обескураженное сердце наполняется тьмой, отрезая путь свету от Бога к своей душе и бросая тень на путь других людей.

Благодарение Богу за яркие картины, представленные нам. Давайте собирать все благословенные заверения в Его любви, чтобы мы постоянно видели их: Сына Божия, оставившего престол Своего Отца, облекшего Свою Божественность в человеческую природу, чтобы спасти человека от власти сатаны; Его триумф во благо нам, открывая людям Небеса и являя человеческому зрению обители, в которых Бог торжественно открывает Свою славу; падшее человечество, поднятое из гибельной пропасти, в которую грех погрузил его, и то, как ныне оно воссоединилось с бесконечным Богом, перенеся Божественное испытание верой в нашего Искупителя, облекшись в праведность Христа и вознесшись к Его престолу. Бог хотел бы, чтобы об этих картинах мы размышляли.

Когда мы готовы сомневаться в Божьей любви и выражать недоверие Его обетованиям, мы бесчестим Его и огорчаем Святого Духа. Что почувствовала бы мать, если бы ее дети непрестанно роптали против нее, будто бы она не желает им блага, в то время как вся ее жизнь состоит в том, чтобы действовать в их интересах и для их благополучия? Представьте, что они сомневаются в ее любви; это разбило бы ее сердце. Как чувствовал бы себя любой родитель, если бы к нему так относились его дети? И как может наш небесный Отец относиться к нам, если мы не верим в Его любовь, которая побудила Его отдать Своего единородного Сына, дабы мы могли иметь жизнь? Апостол пишет: «Тот, Который Сына Своего не пощадил, но предал Его за всех нас, как с Ним не дарует нам и всего?» Рим. 8:32. И, однако, как много людей, которые, пускай, не словами, но делами говорят: «Господь не предусмотрел этого для меня. Возможно, Он любит других, но не любит меня».

Все это приносит вред вашей собственной душе, поскольку любое произнесенное слово сомнения влечет за собой искушения сатаны; это укрепляет в вас привычку сомневаться, огорчает служебных ангелов, и они покидают вас. Когда сатана искушает вас, не допускайте ни слова сомнения или печали. Если вы решите открыть дверь его внушениям, ваш разум наполнится неверием и критицизмом. Если вы говорите вслух о своих чувствах, каждое высказанное вами сомнение вернется к вам, но это также семя, которое произрастет и принесет плоды в жизни других, которым может оказаться невозможным противостоять действию ваших слов. Возможно, вы сами и оправитесь от годины искушений и освободитесь от силков сатаны, но другие, которых вы сбили с пути своим влиянием, могут не суметь избежать внушенного вами неверия. Как важно, чтобы мы произносили только то, что дарует духовную силу и жизнь!

Ангелы прислушиваются, чтобы понять, какую весть о нашем небесном Господине мы несем миру. Пусть наши разговоры будут о Том, Кто жив, чтобы ходатайствовать за нас пред Отцом. Когда вы пожимаете руку другу, пусть на ваших устах и в вашей душе звучит прославление Бога. Это привлечет мысли друга к Иисусу.

У всех есть испытания, горести, которые трудно переживать, искушения, которым сложно противостоять. Не рассказывайте о своих проблемах своим смертным ближним, но несите все Богу в молитве. Пусть вашим правилом станет никогда не произносить ни слова сомнения или уныния. Вы можете многое сделать, чтобы осветить жизнь других и укрепить их силы словами надежды и святого ободрения.

Существует много людей, сильно подавленных искушением, почти готовых пасть в борьбе с самими собой и с силами тьмы. Не приводите в уныние эти души в таком тяжелом борении. Ободрите их словами надежды, вселяя смелость идти верным путем. Таким образом, свет Христов может просиять через вас. «Никто из нас не живет для себя» Рим. 14:7. Наше неосознанное влияние может воодушевить и подкрепить или обескуражить и отвратить от Христа и истины.

> Не рассказывайте о своих проблемах своим смертным ближним, но несите все Богу в молитве

Многие имеют ошибочное понимание жизни и характера Христа. Они полагают, что Он был лишен теплоты, жизнерадостности и был суровым, холодным и печальным. Во многих случаях весь их религиозный опыт окрашивается этими мрачными тонами.

Часто говорят, что Иисус плакал и что Он, как считают многие, никогда не улыбался. Наш Спаситель, на самом деле, был Мужем Скорбей и испытал горе, ведь Он открыл Свое сердце всем бедам людей. Но хотя Его жизнь была жизнью самоотречения и омрачалась болью и заботами, Его дух не был сломлен. Его лицо не выражало горе и ропот, но всегда спокойствие и безмятежность. Его сердце было источником жизни, и куда бы Иисус ни шел, Он всюду приносил с Собой мир, покой, радость и счастье.

Наш Спаситель был весьма серьезным и очень усердным, но никогда Он не был угрюмым или замкнутым. Жизнь подражающих Ему будет исполнена целеустремленности, у них будет глубокое чувство личной ответственности. Легкомыслие будет подавлено; не останется места бурному веселью и грубым шуткам; религия Иисуса даст мир, подобный течению полноводной реки. Она не угашает свет радости, не подавляет жизнелюбие, не омрачает счастливое, улыбающееся лицо. Христос пришел не для того, чтобы Ему служили, но чтобы послужить; и когда Его любовь управляет сердцем, мы последуем Его примеру.

Если мы, прежде всего, храним в своем сознании недобрые и несправедливые поступки других людей, то обнаружим, что не можем любить их так, как Христос возлюбил нас, но если наши мысли сосредоточены на дивной любви и милости Христа к нам, тот же дух проявится и по отношению к остальным людям. Нам следует любить и уважать друг друга, несмотря на недостатки и несовершенства, которых мы не можем не видеть. Необходимо воспитывать смирение и недоверие к самому себе и терпеливую нежность к ошибающимся. Это удалит ограничивающий нас эгоизм и наградит широтой души и великодушием.

Псалмопевец говорит: «Уповай на Господа и делай добро; живи на земле и храни истину» Пс. 36:3. «Уповай на Господа!». Каждый день имеет свои тяготы, заботы и трудности, и, встречаясь друг с другом, мы с готовностью говорим о наших испытаниях и проблемах. Так много ненужного вторгается в нашу жизнь, такому обилию страхов отдается воля, изливается так много беспокойства, что можно предположить, будто у нас нет сострадательного и любящего Спасителя, готового услышать все наши просьбы и быть с нами в качестве скорого Помощника в любое бедственное время.

Некоторые люди всегда испытывают страх и беспокойство. Каждый день их окружают знаки Божьей любви; каждый день они наслаждаются щедрыми дарами Его провидения, но они не видят этих повседневных благословений. Их разум постоянно занят чем-то неприятным, что, как они опасаются, может прийти, или трудностями, которые, возможно, и существуют, но, будучи хотя весьма небольшими, ослепляют людей так, что они не видят многого, за что нужно благодарить. Проблемы, которые они встречают, вместо того чтобы вести их к Богу, единственному Источнику помощи, разделяют их с Ним, поскольку они вызывают беспокойство и жалобы.

> Нам следует любить и уважать друг друга

Хорошо ли мы поступаем, проявляя такое неверие? Почему мы должны оставаться неблагодарными и недоверчивыми? Иисус – наш Друг; все Небо заинтересовано в нашем благополучии. Мы не должны позволять трудностям и заботам повседневной жизни волновать наш ум и погружать нас в уныние. Если мы поступаем так, то нас всегда будет что-то беспокоить и раздражать. Нам не следует давать волю волнению, которое только подтачивает наши силы и изнуряет нас, но не помогает нам переживать невзгоды.

Возможно, вы сбиты с толку в своем труде; ваше будущее может становиться все мрачнее и мрачнее; возможно, вам угрожает утрата. Но не отчаивайтесь. Отдайте свои заботы Богу и будьте спокойными и бодрыми. Просите мудрости вести дела благоразумно и, таким образом, предотвращать убытки и несчастья. Делайте все со своей стороны, чтобы добиться благоприятных результатов. Иисус обещал Свою помощь, но не упразднил наше участие. Когда, положившись на нашего Помощника, вы сделали все, что можно, примите результаты с радостью.

Нет воли Божьей в том, чтобы Его народ был отягощен проблемами. Но наш Господь не обманывает нас. Он не говорит нам: «Не бойтесь. На вашем пути нет опасностей». Он знает, что опасности и испытания существуют, и Он честно поступает с нами. Он не предлагает забрать Свой народ из мира греха и зла, но указывает ему на безопасное убежище. Его молитва за учеников была такой: «Не молю, чтобы Ты взял их из мира, но чтобы сохранил их от зла» Ин. 17:15. «В мире, – говорит Он, – будете иметь скорбь; но мужайтесь: Я победил мир» Ин. 16:33.

В Нагорной проповеди Христос преподал Своим ученикам драгоценные уроки относительно необходимости доверять Богу. Эти уроки были задуманы, чтобы воодушевлять детей Бога во все века, и они дошли до нашего времени, полные наставлений и утешения. Спаситель указал Своим последователям на птиц небесных, которые поют хвалебные гимны, будучи необремененными мыслями о заботах, ведь «они не сеют, не жнут, не собирают в житницы; и Отец ваш Небесный питает их» Мф. 6:26. Спаситель задает вопрос: «Вы не гораздо ли лучше их?» Великий Податель благ человеку и животным Своей щедрой рукой дает все необходимое всему творению. Птицы небесные не остаются незамеченными Им. Он не вкладывает пищу в их клюв, но обеспечивает все для удовлетворения их нужд. Им нужно собирать зерна, которые Он рассыпал для них. Им приходится заготавливать материал для своих маленьких гнезд. Они должны кормить своих птенцов. Они совершают свою работу с пением, поскольку «Отец ваш Небесный питает их». А «вы не гораздо ли лучше их»? Разве вы, разумные, духовные верующие люди не ценнее птиц небесных? Неужели наш Автор, Хранитель нашей жизни, сформировавший нас по Своему Божественному образу, не даст нам все необходимое по вере в Него? Христос указал Своим ученикам на полевые цветы, растущие в роскошном одеянии и блистательной естественной красоте, которой Отец небесный наделил их, выразив тем самым Свою любовь к человеку. Он сказал: «Посмотрите на полевые лилии, как они растут». Красота и простота этих живых цветов намного превосходит великолепие Соломона. Самый прекрасный наряд, созданный мастерством человека, не выдерживает никакого сравнения с естественной грацией и блестящей красотой сотворенных Богом цветов. Иисус спрашивает: «Если же траву полевую, которая сегодня есть, а завтра будет брошена в печь, Бог так одевает, кольми паче вас, маловеры» Мф. 6:28,30. Если Господь, Божественный Художник, окрашивает простые цветы, которым суждено вскоре завянуть, такими утонченными и разнообразными красками, то насколько больше Он заботится о сотворенных существах по Его подобию? Этот урок Христа является упреком беспокойным мыслям, недоумению и сомнению неверного сердца.

Господь желает, чтобы все Его сыновья и дочери были счастливы, спокойны и послушны. Иисус говорит: «Мир Мой даю вам: не так, как мир дает, Я даю вам. Да не смущается сердце ваше и да не устрашается». «Сие сказал Я вам, да радость Моя в вас пребудет и радость ваша будет совершенна» Ин. 14:27; 15:11.

Счастье, которого ищут из эгоизма вне тропы долга, оно неустойчиво, преходяще и мимолётно. Оно проходит, и душа наполняется одиночеством и грустью, а служение Богу несет радость и удовольствие. Христианин не оставлен один на неведомых путях; он не оставлен на произвол напрасных надежд и разочарований. Если эта земная жизнь не приносит нам удовольствия, мы можем испытывать радость от надежды на грядущую жизнь.

Но даже здесь христиане могут радоваться общению со Христом; они могут иметь свет Его любви, постоянное утешение Его присутствия. Каждый жизненный шаг может приближать нас к Иисусу, может давать нам более глубокий опыт Его любви и делать нас на шаг ближе к благословенной обители мира. Поэтому не будем отказываться от своего упования, но будем иметь твердую уверенность, более твердую, чем когда-либо прежде. «До сего места помог нам Господь», и Он будет помогать нам до конца. Давайте взглянем на памятные вехи, напоминающие о том, что Господь сделал для нашего утешения и спасения от руки губителя. Пусть наша память всегда отчетливо хранит все милости, которые Бог с нежностью нам открывал: слезы, которые Он утирал, боли, которые снимал, беспокойство, которое удалял, страхи, которые развеивал, нужды, которые удовлетворял, благословения, которые даровал. Так мы укрепляемся для всего, что предстоит нам на оставшемся жизненном пути.

Мы не можем не ожидать новых трудностей в предстоящем конфликте, но мы также можем смотреть на прошлое, как и на будущее, и говорить: «До сего места помог нам Господь!» «Как дни твои, будет умножаться богатство твое!» Втор. 33:25. Испытание не будет выше сил, дарованных нам, чтобы перенести его. Поэтому давайте браться за труд, за какой только можем, веря, что на преодоление любого предстоящего испытания нам будет дана соответствующая сила.

> Испытание не будет выше сил, дарованных нам, чтобы перенести его

Спустя немного времени, врата Неба распахнутся для принятия Божьих детей, и уста Царя славы произнесут благословение, которое прозвучит для спасенных как сладчайшая музыка: «Придите, благословенные Отца Моего, наследуйте, Царство, уготованное вам от создания мира» Мф. 25:34.

Тогда искупленных пригласят в обители, которые Иисус сейчас готовит для них. Там они не будут окружены чернью, лжецами, идолослужителями, нечестивцами и неверными; но они будут общаться с теми, кто преодолел сатану и с помощью Божественной благодати сформировал совершенный характер. Каждая греховная склонность, каждое несовершенство, которое досаждает им здесь, омыты кровью Христа; а великолепие и сияние Его славы, намного превосходящее сияние солнца, объемлет их. И нравственная красота, совершенство Его характера просияет через них, намного превосходя внешнее великолепие. «Не имеющие пятна или порока» они будут стоять перед великим белым престолом, разделяя величие и достоинство ангелов.

В виду славного наследства, которое может стать его, «какой выкуп даст человек за душу свою?» Мф. 16:26. Возможно, он беден, однако обладает богатством и достоинством, недоступным этому миру. Искупленная и очищенная от греха душа, чьи все благородные силы посвящены служению Богу, имеет непреходящую цену. Небеса в присутствии Бога и святых ангелов радуются, когда одна душа обращается, и эта радость выражается в гимнах святого ликования.

«И мир Божий,
который превыше всякого ума,
соблюдет сердца ваши и помышления ваши
во Христе Иисусе»

Филиппийцам 4:7

Великий конфликт

Э. Г. Уайт

Показать сцены великого конфликта между истиной и заблуждением, выявить коварство сатаны и методы, которыми можно было бы ему успешно противостоять, показать удовлетворительное разрешение колоссальной проблемы зла, освещая происхождение греха и его окончательное уничтожение, чтобы тем самым полностью обнаружились правосудие и милосердие Божие во всех Его действиях по отношению к Своим созданиям, а также продемонстрировать святую и нерушимую природу Его закона – вот цель этой книги. Через ее воздействие многие души смогут избавиться от власти тьмы и стать участниками в «наследии святых во свете», дабы прославить Того, Кто возлюбил нас и отдал Себя за нас.

Для заметок